BOOK

新自然主義

BOOK

新自然主義

台灣社會企業創新創業學會／策畫

胡哲生、梁瓊丹、卓秀足、吳宗昇／撰稿執筆

我們的小幸福小經濟

SOCIAL ENTERPRISE

【增訂版】

9個社會企業熱血・追夢實戰故事

「社會企業」就是：做好事又能賺錢，賺了錢又去做好事！

目錄

【關注領域：弱勢自立、生態有機】

光原社會企業

阿里山上的有機之光

⊙胡哲生、梁瓊丹

⊙本書隨時舉辦相關精采活動，請洽服務電話：02-23925338分機16。
⊙新自然主義書友俱樂部徵求入會中，辦法請見本書讀者回函卡頁。

厚實而巨大的幸福力、經濟力

文魯彬　台灣蠻野心足生態協會創辦人

工作，是尊嚴，也是樂趣，更是英國經濟學家修馬克（E. F. Schumcher）在《小即是美》中所提及的：「實現發展個人的能力、藉由與他人合作消除自我執著、為生存帶來所需物品與服務。」

我們期待，社會企業尊重人的工作需要與樂趣，並且尊重大地、大氣、物種及後代資源。我們更要開始大聲疾呼，要求所有的企業轉變成社會企業，而非贖罪券式的略盡企業社會責任（CRS）。

感謝台灣社會企業創新創業學會和新自然主義出版公司整理這麼多社會企業的好範例，也希望讀者在受到啟發後，可以為這本書、這些企業及其所代表理念當志工推銷員，做為回饋。

司徒達賢　政治大學企業管理學系講座教授

傳統上企業為了利潤，努力發掘客戶需要，整合各方資源，提升產銷效率，然後從盈餘中捐贈一部分，交由NPO來從事社會公益。社會企業則是以愛心出發，運用創意開發弱勢族群的潛能，並使其投入市場經濟中的產銷流程。這種做法將原本需要社會捐助的對象轉化為生產力的來源，同時也提升了他們的尊嚴。本書報導的就是這些既有創意又令人敬佩的志業。

朱慧芳　《只買好東西》暢銷書作者

過去一百年，世界嚴重朝向資本主義傾斜，金錢利益成為至高的奮鬥目標，人類的善良、互助、道德、良知變得次要。但是，無法用金錢衡量的人性價值畢竟是無法過度扭曲的，人類社會中，始終有一道穿透資本主義濃霧的火光，從來沒被掩熄過。

不以獲取最大利潤為營運目標的營利團體，被大家稱為社會企業，台灣的社會企業已經多到可以出專書，表示台灣社會的整體成熟度，已達到真正文明的層次。書中介紹的，大多是認識多年的老朋友，我以他們為榮，更以台灣為榮。

李偉文　荒野保護協會榮譽理事長

總是認為，社會企業是當今世界能否邁向永續的關鍵。因為政府擁有權力與資源，但受限於繁瑣的法令規章與預算程序，缺乏彈性；而企業面對市場嚴格競爭，雖然有效率，但在商言商，一切以賺錢為目的之下，也造成現今很多問題。社會企業除了可以彌補以上兩者的不足之外，還能夠解決純做社會公益往往無以為繼的遺憾。

透過書中幾個典範，相信可以鼓勵更多人勇於投入社會企業，同時也能夠找到屬於自己的生命意義。

施振榮　前國家文化藝術基金會董事長

為促進社會的和諧進步，社會企業正可彌補資本主義與民主政治制度下造成的半盲文化缺失。社會企業很重要的觀念是，要具備創造價值與價值交換的思維，並以企業的精神運作，在有限的資源下發揮創新的精神，建立獲利的模式，並將獲利回饋給社會。

本書介紹了許多國內發展中的社會企業案例，十分值得有志投入此領域的有心人參考，我也樂見社會企業在國內蓬勃發展，發揮創業的精神，相信未來發展將無可限量，並可成為國際典範。

徐小波　時代基金會創會董事長、宇智顧問股份有限公司董事長暨執行長

書中的九個社會企業，是台灣豐沛「創新」、「創業」潛能的最佳展現。創新之可貴在於「動人」，而其動人之處來自真誠且勇敢的「反思」，一如點破國王赤裸的孩子。

但創業者並不天真，她／他看似浪漫，卻也務實；勇於解構現代性下的集體焦慮，回應人們對於自然（人—環境）、信任（人—人）、幸福（人—內心）的嚮往，更跳脫另一極端的純理想性循環，開創具備永續經營與獲利能力的營運模式。小幸福、小經濟，其實厚實而巨大。

黃淑德　前主婦聯盟生活消費合作社理事長

台灣有哪些小而美的社會企業？來看本書列舉一些「最佳實踐典範」吧！運用網路與通路翻轉困境，創造最底層的勞動與生產者的就業與社群安定。透過這些故事，除了感動與讚嘆這些「台灣之光」，希望更多人投入「讓別人也幸福」的協力創業。

管中祥　中正大學傳播學系副教授、公民行動影音紀錄資料庫主持人

我們活在一個「交易」的世界，也就無法脫離「市場」生活。然而，「市場」並非只有資本主義的利潤極大化模式，企業未必似乎只能有利益，沒有公益。其實，市場的類型不會只有一種，可以是「以物易物」，也可能是「交工協力」，當然，更可以是「社會企業」。這本書不但呈現了九個逐夢踏實的熱血故事，還告訴我們做生意不但能獲利，也可以做公益，更能讓你我的生活更有意義！

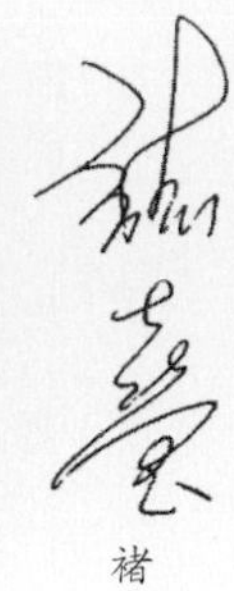

褚士瑩　國際NGO顧問暨知名作家

很高興看到一本台灣原生社會企業的案例整理。很多人要不是把企業的力量想得太重要，就是把公益想像得太簡單，以至於很多的公益活動都很粗糙，缺乏效率跟成本的基本概念；許多企業的企業社會責任（CSR）也很膚淺，無法跟本業做深度結合，兩者都無法永續。

社會企業在台灣能夠得到一群人的支持，並且抱著很謙卑、很嚴肅的態度來做，讓商業跟慈善的界線變得模糊難辨，有些會成功，也有些會失敗，但是這都不重要，甚至是否需要「社會企業」的招牌，終有一天也會變得無關緊要。但這探索、追尋的過程是重要的，希望起步較晚的台灣，能夠用自己獨特的步伐，找到真正屬於適合這塊土地的美好原型。

劉克振　研華科技及研華文教基金會董事長

所謂的「社會企業」，我認為也是「利他資本主義」下的另一種發展方向，但更提高了經營的社會目的，同時將股東利益轉移為「利他成就與貢獻」，而非只是金錢報償。我所參與創立與經營的研華科技，在面對第二個三十年甚長久的永續傳承問題時，也朝著「利他資本主義」，甚至「社會企業」演化的方向去構想。

欣見這本介紹孕育自台灣土地的社會企業經營故事，讓讀者瞭解到企業可以是個共好的平台，讓員工、股東、消費者，甚至整個滋養我們的大地都受益。樂於推薦本書給大家，一起成就幸福社會新標竿。

（以姓名筆劃排序）

【出版序】

匯聚眾人之力推展社會企業

我篤信，人不應當只關心自己的幸福，尤其是單調的只以財富物質為衡量的幸福；如果人不能跨出「自我」的藩籬，就無法領略到將財富進一步的轉化為關愛與分享，他無法感受到來自人性最深沉的感激與金錢買不到的回報，「幸福美滿」可以是更有淚有感、溫馨滿溢的共同分享。

當我離開人世時，帶不走財富，卻能夠帶著行囊滿滿的愛與懷念。

長期以來，我關懷社會中弱勢地位的家庭與孩童，一直試圖尋找能夠讓他們自立與成長的機會；憑著自己科學教育者的能力與專業知識，我選擇從學習資源相對弱勢的孩子開始，希望給他們該有的學習資源，即使是我個人的付出，但是一旦成為具體的行動，分散在社會各個角落的有心人士便會自行聚集，展現出普遍存在台灣社會中的善心與關懷。

當我將關懷化為行動的時候，一開始是孤獨與微弱的力量，不過只要做了，便有許多不認識但認同理念的人加入；我們的社會不缺愛心，缺的是理念的行動力，只要有人丟出一粒石子，便會形成巨石才有的浪花。

當我們作為社會一份子的時候，多數人願意為弱勢朋友提供一點心力；但是，當我們身為企業一份子時，似乎投入的心態與意願便明顯的不同。然而企業是使用社會資源最多的社會機構，為什麼他們對與自己息息相關的社會，會抱持相對比較冷漠的態度；企業家與政府財經官員一向秉持著以發展工商企業（尤其是高科技產業）達到幫助弱勢的目的，為何其結果適得其反，變成更難就業、實質薪資倒退、財富分配更兩極化？

我相信企業的經營絕對能夠與社會問題的解決相結合，我一直等待這樣的新心態企業的出現，原來，他們已經在我們身邊開花，雖然花小不易受到注目，可是一旦被人提醒告知她的存在，湊近她，是如此的淡淡清香，持久又令人回味。

當本學會的籌辦老師胡哲生跟我接觸，邀請我參與他們在「社會企業」的學術研究與社會推廣時，當時我真的很疑惑甚麼是「社會企業」？可是卻很欣喜企業可以「社會化」，至少從字面上，我覺得這是一個符合我主觀價值的企業蛻變的開始。

在主觀上我心裡已經應允，但是在專業上我沒有把握，所以在我的研究室裡，我對他們做了幾次面試；我很欣見社會該有不同的觀念與行動了，二十一世紀的流行口號「改變」，是應該有真正的行動了。

本書為學會整理介紹九個台灣由下而上的民間力量所創辦的社會企業，包括：喜願共合國、勝利潛能發展中心、芳榮米廠、日月老茶廠、上下游新聞市集、生態綠、光原社會企業、四方報、大誌等，當然還有更多社會企業案例值得報導與分享，但至少這本書是一個很好的開始，因為我相信經由本書的拋磚引玉，將讓分散在社會各個角落的企業、組織、與有心人，會再次的聚集，形成巨石才有的浪花。

李家同　台灣社會企業創新創業學會首任理事長

【導讀】

社會企業，讓企業可以不一樣！

近期，社會企業在亞洲社會漸成話題，這個觀念最早緣起於英國「小政府大作為」時期，一方面減少對私人企業管制，讓企業家更自由的發揮經營獲利能力，另一方面鼓勵ＮＰＯ要自立以減少政府日漸膨脹的福利支出，此種由上而下推動的社會企業，非常容易看到ＮＰＯ走向事業化以及政府輔導的影子，通常是富裕國家的「社會創業」或「體制工程」。相反的，我們最常稱頌的鄉村銀行創辦人尤努斯，則是在孟加拉家鄉看到眾多窮人，只要他拿出一點錢就可以幫助婦女做些手藝工作，養活自己與小孩，他所看到的「社會市場開發」或從事「社會產品創新」，是一種由下而上的自發性創業活動，通常發生在貧窮國家。

兼顧社會公益與經營技能的社會企業

台灣的社會企業情形，據筆者田野觀察多年心得，大約是一半一半的分配。我們的ＮＰＯ與政府的互助關係比較相似英國模式，協同勞委會的多元就業方案推動ＮＰＯ的事業化。而我們的民間創業家則分別在社會各個角落（比尤努斯更辛苦的確認社會市場），自己分析社會需求、設計適合的社會產品；我們的社會企業家充分發揮中小企業創業精神，走出自己社會特色的企業精神。

曾經有位國際企業的台籍經理人，為了要執行母公司要求分公司參與扶助在地「社會企業」的任務，特別找我想了解台灣的社會企業相關的經驗知識，交談沒多久，就很自然地說：「台灣的社會企業『尚在起步』，應該是……。」充分反映一般人因為接觸到新觀念，就直覺認為該名詞所代表的事物，也「應該」是新的、尚未發生的社會現象。

在資訊爆發的時代，社會大眾（包括我）對社會事務或現象的了解，著重「名詞」的浮面意義，沒時間、沒心力下功夫深入現象，追求事實本質的體會。

社會企業在台灣當然並非尚在起步，我們認為社會企業是「兼顧社會價值與獲利能力的組織」（「台灣社會企業創新創業學會」於二〇〇九年定義），在台灣（國際）社會中，早就有些企業或機構已經將社會照顧放在自己的經營目標中，不是「為了實驗學術觀念而設計出來的企業」，社會企業更不是「標籤」，並不是企業現在知道了才開始「做」社會企業，任何企業都可以成為社會導向企業，只要他願意在自己的經營領域中，多加一點社會關懷。

然而不可諱言，對於習慣於將純粹經濟組織、社會公益服務組織二分的傳統觀念，我們希望推動企業、NPO、政府、媒體接受不同以往，融合社會公益與經營技能的新組織觀念，仍然面對相當的困難與挑戰。這是一場社會創新與改變的漫長工程。

台灣的社會企業多元多樣且生氣蓬勃

過去三年來，「輔大社會企業研究中心」與「台灣社會企業創新創業學會」舉辦了許多學術活動，接觸了許多各有創新特色的社會企業；我們很難用他們所從事的產業或社會目的予以歸類。但是依據它們設立時的組織本質，大致可以分為六類背景的企業或組織，從這六類企業中我們總共選擇了九家個案，希望藉由個案的深入報導，為不同社會與經濟背景的讀者，提供廣泛學習的機會。

每個個案在成長過程中，都會面對比一般企業更多的陌生挑戰，讀者必須深入體會創業當時的時空與社會條件，才能夠明瞭「社會企業」，所面對的「社會體制」障礙，與其所需要的「社會創新」的意義，此六類背景的社會企業如下：

第一類、NPO事業投資

天主教輔仁大學聖言會鄭穆熙神父（印度籍），為了更實質的幫助阿里山的原住民部落，成立「瑪納有機文化生活促進會」，用租地雇工方式邀請鄒族青年回鄉加入有機農作，再設立「光原社會企業」幫助農友銷售農產品，以及後續更多幫助部落社員擴大生產的經營設計，過程艱辛障礙不斷，可是加入的班員更多了，班員的學習聚會更活潑有朝氣了。

另一家也是非營利組織的「勝利潛能發展中心」為求幫助殘障朋友就業，而持續尋找適合不同障別及障別組合的職業，經由該組織內部的技術培訓與製作技術改變，協助各種障別朋友以相同於市場競爭標準獲取經營機會，他們經由競爭而得到的工作與創業機會，包括：資料輸入、加油站與便利商店加盟經營、手工琉璃等，相信嗎？它們已經是相當多角化的「大」志業的事業集團。

第二類、企業社會化轉型

「日月老茶廠」本來是台灣農林公司旗下的製茶廠，老茶廠召集人莊惠宜和公司員工感嘆南投廣植檳榔土地受到破壞，有心於有機農業，讓他們決定改造老茶廠，轉型為紅茶文化生態茶園，有違一般商業原則的經營設計，卻讓他們走出自己的路，他們不僅只是經營茶園與推廣茶文化，更是在推廣「生命教育與生態理念」。

第三類、社區互助團體

位於台南後壁區的傳統農村，跟一般人口日漸外移的凋零農村相同，不同的是一家傳承多代的米廠──「芳榮米廠」，基於愛護自己土地與農友的目標，扮演領頭羊的腳色，主動地推廣有機農法、教導農民減少甚至不用農化用藥（賣農藥化肥也是米廠傳統業務之一），由於「無米樂」影片的帶動社會知名度與冠軍米獲獎，引發當地方休閒事業興盛，「芳榮米廠」再以協調者立場帶領社區整體轉型為社區觀光與農村環境教育。

第四類、合作經營組織

「喜願共合國」原本是與身心受限者自主營運的麵包坊，但面對二〇〇七年起麵粉等基礎原物料國際價格飆漲壓迫，開始廣邀全台小農契作小麥，推動小麥復育與糧食自主意識。而今，囊括小麥、大豆與雜糧的復育與消費行動，儼然形成一場公民運動，建立起一個完整的「社區協力農業營生群組」，改變了台灣的土地風景。

第五類、社會創業

「上下游新聞市集」由一群跨越專業背景的青年朋友，成立了台灣第一個「食物與土地」的專業網站，並以產品開發的方式，支持媒體自主並重建媒體公信；新聞內容的專業與創新力，創造出友善土地的互動關係。

《大誌》雜誌則是台灣青年，有鑑於英國雜誌《The Big Issue》以雇用街友銷售雜誌，幫助他們更容易的獲取生活收入，逐漸走回主流社會之理念與做法，乃親赴英國拜訪該公司，爭取授權品牌移轉經營技術，在台灣則鎖定Y世代讀者喜歡的內容，不變的是一樣扶助（目前規模）街友在捷運站附近銷售，幫助街友重拾自尊走回社會。

另一家也是出版事業的《四方報》，有感於台灣新住民人數眾多，不僅是台灣的勞工、也是老人的照護、更可能與台灣人共組家庭，這些台灣新住民在我們的社會裡沒有幫助她（他）們融入社會的環境條件，是另一種社會弱勢族群，基於該報創辦人成露茜女士「為弱勢發聲」的理念所成立的《四方報》，如今已經是五種東南亞國家文字的發行報紙，而且更積極規劃各種幫助社會認識她（他）們、新住民後代認識母（父）親家鄉文化的活動，他們的創意與活力無窮。

第六類、公平貿易事業

「生態綠」則是兩位社會專業背景年輕人，為響應國際知名的公平貿易組織理念，進口該組織的公平價格的咖啡產品，為了打開市場而自行開咖啡館宣揚理念，現在更積極的規劃更多的公平貿易商品進入消費市場，只為了讓我們的社會更清楚的認識「公平對待生產者」的觀念。

冀望本書讀者不僅是看到社會企業的成長故事，更能夠深入體會他們的創造新局面的精神、創新經營模式的策略智慧。也許某天，你也注意到生活周遭的某些問題，你也有自己的看法與創新方法，就有機會借用他們的創意與經驗，帶領你的組織走入社會參與的境界。

展現企業新價值、新經營技能的新里程碑

各位朋友，也許你我已經有代表知識技能的學歷職銜、有支撐自己富裕生活的就業產出；如果願意，請靜靜的默思片刻，我們真的已經有了大智慧、大財富了嗎？社會中仍然有許多不如我們一般幸福的族群弱勢、社會結構弱勢、偏遠社區弱勢、傳統產業的相對資源弱勢等，你我的知識能力真的對這些存在生活周遭的問題是一籌莫展嗎？我們強大的企業力也許只要稍微動動腦，就可以多多少少的解決一些問題。

社會企業在台灣、在世界各個地區與角落，並不因為學界、媒體或政府官員的認知與否而不存在。社會中早就有些人對社會不公平不忍心的現象，建立自我理念並採取有違眾意、獨擔風險的創新或創業行動。不論他人是否認同，已經用行動回應了社會呼求。

他們並不顯赫、但是也並非不賺錢，只是利潤又投向更多需要的社會角落；他們更並非不傑出，只是時間都用在弱勢人物的福祉上。每每跟他們面對面暢談，我只有驚訝自己過去的無知、與汗顏自己一向的弱勢冷漠。

這不僅只是一本書，而是一本紀錄企業如何不同於以往，可以做的更多更有價值、更接近社會的需求與脈動；這是刻載台灣企業展現新價值、新經營技能的里程碑。

正如我一直把希望這本書書名稱為「企業可以不一樣」，其實心情就是如上。衷心希望更高智慧、更多樣價值創造的企業，就是未來企業的主流。當這個時代來臨，我們的社會就可以更公平與均衡了。

胡哲生　台灣社會企業創新創業學會理事長

「台灣社會企業創新創業學會」簡介

社會企業：融合社會價值與經營技能的自主性組織

全球化經濟浪潮下，M型社會愈形明顯，不均衡發展社會的各種問題嚴重，在社會的各個角落裡，弱勢族群的需求日益增加，強調「社會價值與經營利潤共存的新型態企業」觀念乃應運而生，期以企業經營技能幫助各類組織，提供第一線服務、滿足社會需求。

「台灣社會企業創新創業學會」於二〇〇九年成立，期望藉由學術研究與企業輔導，致力推動「兼具經營能力與社會效益之企業組織」。透過新觀念的學習、實務經驗移轉、實作技能培育與社會資源凝聚，協助社會弱勢族群自立、推動社會創業、培育社會企業專業人才，提供經濟新動能，達到社會公義目標。

本學會央請李家同教授出任創會理事長，同時也邀請管理學界、社會學界與NPO或企業工作者，成立跨領域的學會團隊，期能促進不同領域的專家學者的觀念創新與社會動力，推動社會企業研究、培育社會企業專業經理人；改變社會偏重大型產業與僅重視經濟的價值觀，以積極的態度面對社會弱勢需求，推動微型創業，將企業經營獲利與生態農業、弱勢照護、偏遠社區發展、環境復育、財富分配等問題結合。

本學會旨在促進社會創業與社會企業學術研究，推動社會企業實務應用經驗傳播。擬定三階段發展計畫，每階段各三年，第一階段著重社會企業理論形成與觀念宣導，第二階段著重社會創業與社會企業經營輔導，第三階段聚焦於社會企業創新育成與社會創投系統建構。以促進社會企業發展，提升社會福利為目標。

學會工作重點

＊學術研究

1. 社會價值導向之企業策略與理論研究
2. 社會企業創業與市場
3. 社會需求導向之產業科技創新
4. 社會企業創新育成與創投
5. 社會公義促進之財稅金融制度

＊社會服務

1. 企業社會化轉型諮詢
2. NPO事業化輔導
3. 社會企業概念與行動推廣
4. 社會企業創新育成諮詢
5. 社會企業知識學習／產品創新／諮詢輔導平台

社會推廣

1. 社會企業經營理論研究
2. 社會企業經營技能輔導
3. 社會企業社會認知宣導
4. 社會企業創新創業推動
5. 社會公益價值創造傳送

年度活動

1.個別型與整合型社會企業研究
2.社會企業國際論壇（年度重大活動）
3.社會企業工作坊—實務演講（每月二場次）
4.國內外社會企業輔導、實地參訪
5.社會企業案例庫
6.社會企業演講列車—台北、台中、高雄（每月各一場次）
7.社會公義講堂（每月二場次）
8.社會公義論壇（每年三場次）
9.社會創業競賽
10.社會企業（與NPO事業）輔導
11.社會企業經營工作營

學會發展策略：三階段發展構想

＊階段一：關懷社會—發掘案例—建構理論
（二〇〇九至二〇一二年）

1.社會企業工作坊①
2.社會企業論壇①
3.社會企業個案深度研究與個案資料庫
4.出版社會報導刊物
5.集結關懷社會人力（輔導員）與組織成立「社會企業平台」

＊階段二：扶助社會—激發創新—組織自立
（二〇一三至二〇一五年）

1.社會企業工作坊②（延續性工作）
2.社會企業論壇②（延續性工作）
3.社會企業個案深度研究與個案資料庫
4.出版社會報導刊物
5.推動社會企業創新育成工作營
6.推動社會企業創業工作營

＊階段三：創新社會—扶助創業—社會創投
（二〇一六至二〇一九年）
（前兩階段既有工作任務持續進行，不另贅述）

1.推動社會企業創新育成
2.推動社會企業創業工作營
3.規劃社會企業微型貸款系統
4.社會企業評鑑與獎勵

學會聯絡方式

電話：02-2905-6375 網站：http://seietw.blogspot.tw
電子郵件：seie.tw@gmail.com
地址：新北市新莊區中正路510號輔仁大學管理學院
利瑪竇大樓LM304-1室
台灣社會企業創新創業學會

感謝您對改善社會力量的支持，贊助帳戶：

合作金庫（006）丹鳳分行
戶名：台灣社會企業創新創業學會
帳號：3568-717-801234

簡單麵包，創造不簡單的土地風景

喜願共合國

文・梁瓊丹

「喜願共合國」創辦人施明煌：
從做麵包到種小麥，本來都是以小搏大，竟然愈玩愈大。
最令人佩服的是，讓身心受限朋友都成了麵包師傅，
回饋鄉里的麵包，一塊賣十元也不賠錢；
甚至，以行動催生各地小農種起小麥、大豆等雜糧，
系列產品賣到大都市成績嚇嚇叫。
施明煌更誇下豪語自我期許，
農友「種」得出來，我們就「賣」得出去！
一塊好滋味的簡單健康麵包，
成為奪回台灣糧食自主權的先鋒，
在地農糧、在地加工、在地消費的完美組合，
創造出台灣不一樣的土地風景！

關注
領域

弱勢就業、糧食自主

聽說花蓮有個傻瓜曾國旗，說是放下了台北建築師工作，返鄉玉里種植有機水稻，堅持以水旱輪作活化土地。「你真憨！秋收後土地這麼濕黏，小麥、大豆怎麼種得起來？」儘管幾度被鄉親訕笑，曾國旗的信念依然不動如山。

還好，現在找到了盟友，曾國旗不再踽踽獨行。他將箱型小巴停在「喜願共合國」的一處金黃麥浪之前，果然引起參訪學員的一陣驚呼：「台灣也可以種小麥？」

原來，在這個傻瓜的後面，還有一個更大的傻瓜。做著所有人都不看好的傻事，持續帶領著一群小農沿著島嶼開闢麥田，更計畫栽種大豆、芝麻、蕎麥等多元雜糧。他，就是「喜願共合國」的創辦人、江湖人稱「施總兼」的施明煌。

「喜願共合國」（統稱）在一九九九年四月一日愚人節創立。施明煌的造型與行事都相當性格，頂著黑色大目鏡、看起來幾分土匪，種小麥時落腮蓄鬍，

MORE

喜願社區協力農業營生群組

所謂的「社區協力農業營生群組」（Rejoice Community Supported Agriculture Group），在於鼓勵生產者、加工者、消費者與服務者之間的互信與承諾，因此只要每位消費者能主動認識你的農友，認識你的作物，認識你的社區（全台灣都可視作一個社區），就能進而建立一個彼此身心安頓、穩實安命的營生群組。

「喜願共合國」的建國理念，就是「喜願社區協力農業營生群組」的實踐。推廣「在地農糧、在地加工、在地消費」，這輛滿載理想酵母的列車，猶如「麵包公車」蛻變成「喜願聯結車」，再次進化為「喜願火車」，正以高鐵的速度往前駛去。雖不是政治實體，也不是加盟連鎖，卻不斷嘗試著以自主營生的公民品牌與農業理想接軌，用行動做出改變。

摘大豆時則光頭以明志，造型端看今年收成決定，算是「種什麼、像什麼」。

自從十四年前辭去外銷工廠副總，施明煌開始與一群身心受限的弟兄（註一），做出簡單真實的「喜願麵包」，到成為農業社會運動者，發展出友善小麥契作、大豆雜糧復育有成的「喜願共合國」，推及建立一個「喜願社區協力農業營生群組」，實在是連他自己都始料未及。

創新力

簡單又健康的麵包，經營處處見創新

創業創新1：把資源放在需要處，而非賺錢的地方！

出身工業工程專長的施明煌，原在彰化生產低壓自動控制燈具的機電公司擔任高階主管。公司內長年推行生命教育，也把工作機會外包給當時「喜樂保育院」院生做零件包裝，讓院生賺取微薄收入。

當公司面對外銷成本的壓力，最直接的方式就是以自動化機械降低用工需求，為了節省幾毛錢的人工包裝成本，卻直接衝擊了這群院生的工作機會，施明煌不禁地難過自問：人的價值就該如此輕易被機器取代嗎？

△三不原則：不接受捐款、不向社會募款，不申請補助

無法說出口的現實殘酷，又逢「喜樂保育院」的創辦人瑪喜樂修女來訪，持續以真誠熱切的眼神詢問著：「這群孩子長大可以做些什麼？」

施明煌突然脫口而出：「不然，我們來做麵包吧！」一句承諾，他就此半隻腳踏入麵包世界，立志：「要把資源放在需要的所在，而非賺錢的地方。」

由喜願麵包、喜願小麥、大豆特工隊、雜糧聚樂部架構起的「喜願共合國」。

種什麼，像什麼的施明煌（右下、圖左）。猜猜看，總兼正在種什麼？

「喜願麵包工坊」不是社福團體、社團法人基金會，創業之初，即堅持三不原則：不接受捐款、不向社會募款，不申請補助，施明煌只想透過自主營運，與這群身心受限的夥伴，共建屬於自己的事業。此外，施明煌也不去類別化、或放大工作者身心上的不足，集合各種生命特質，也因而烘焙出扎實卻又充滿層次的香氣，帶給了許多社福組織更多的激盪思考。

△投資「人」而不是投資「設備」

剛開始，施明煌仰仗自己二、三十年的管理經驗，左手持續著原來的科技工作，右手學習烘焙技術製程，為「喜願麵包工坊」規劃建置生產程序、標準化作業，嘗試著兩者兼顧。沒料才過了三個月，就發現情況不對了。

施明煌原本估算投注兩百萬就已綽綽有餘。先期拿出一百八十萬投資烘焙、冷凍庫等硬體開辦費用，已是管理學上的「沉沒成本」，隨之還有房租水電

由喜願麵包、喜願小麥、大豆特工隊、雜糧聚樂部架構起的「喜願共合國」。圖為喜願麵包的工作夥伴們。

人事等十幾萬的開銷不斷激增，算算「喜願麵包工坊」前三個月營業額總共只有七萬元，經營相當慘澹。

落入了無底深淵的施明煌，突然意識到，最大投資的是「人」，不是設備產能。

因為「人」是最大的資產，卻也是最大的變數。面對著一群身心受限的夥伴，雖然他們生性單純，但是要發揮出潛能與產值，涉及到每個人不同的情緒、環境、個體生命力、識讀能力與工作能力，絕非請到專業輔導打理、或建置想像中的SOP（標準作業流程）就可以了。

施明煌相信，要帶領這一群孩子的那個關鍵者，本身一定也要有不一樣的生命特質。像是對自我過往既定思考的終結，施明煌決定向老闆遞出辭呈、再把賓士賣掉換現金，被眾人取笑傻瓜，他告訴自己：「唯有放低身段『撩落去』，才能顛覆、解構所有過去在企業界學到的知識。」

生產創新2：讓工作去適應人

工業管理本來就是施明煌的強項，但以人為主體的思考模式，卻是扭轉了長期以來追求「效率」的管理思維。換個腦袋想，作法也就會跟著改變，他發展出「工作該去適應人，而非人去適應工作」的生產策略，而且永遠把人放在第一位。

施明煌從相處開始觀察，發現夥伴們多具備基本的工作本領，尤其面對愈單純的工作，愈能發揮能力，甚至超越一般水準。如果能將生產流程重新拆解，讓一位師傅只做一件事，瞭解每一個人的特質，再放到適當的位置，即便程序變得繁多，一旦作業能步上軌道，生產管理就會變得相當有效率。

所以，在「喜願麵包工坊」裡，小至麵粉物料桶、工作區間定位線、物品的堆疊高度，都有提醒同仁的明確標示；大則如設備的操作方式、防呆系統、防錯裝置、得來速工具板、機具線控燈號等，也能因應弟兄（施明煌稱呼這群共甘苦的工作夥伴為弟兄）的身心限制，做出調整。

「喜願麵包工坊」就此成了工作者的舞台：早期的孩子們，一位負責取麵糰、一位分切秤重，另一位揉麵成形，三位一體卻次第有序，經過了一段時間的操練，早已駕輕就熟。簡單的麵包給了身心受限者發揮的機會，讓做的人歡喜、吃的人也滿足。

管理創新3：去權威化，每個人都是師傅

現在想吃簡單健康、口感扎實的「喜願麵包」，只要一通電話，宅配公司就能將貝果等穀物麵包送至全國各地。可是十多年前的每一個麵包，可都是施明煌親自送出的。施明煌回憶起那段日子，自己像個鐵人般地充當司機，為了避開擁擠車潮，每天凌晨三點出發，一路將麵包送至豐原、台中、彰化的生機飲食店……，直到早上八點送完再折返「喜願麵包工坊」張羅其他瑣碎事務。不管颳風下雨、連續三年，他都是以這種瘋狂的方式維持營運。

施明煌心想，「如果再這樣下去，撐不了多久我就

會死了。」情況逼迫他與現實妥協與和解：「一定要『去權威化』，讓每個人都成為師傅。」

△標準化品管①：麵包不會騙人，只有人會騙人

施明煌不諱言地說，從備料選材、配比拌粉、加水攪拌、麵糰發酵到定溫烘焙，手工麵包雖然有形體上的差異，但吃起來的口感、着色、味道卻仍如一，一直是最烘焙業最困難的課題。

施明煌分享過去經驗說，「因為只要一個失敗，其他的一定嘛攏總歹去！」從最後結果就能判斷出過程中出了哪些差錯，所以「喜願麵包工坊」透過程序「標準化」（數量、時間、溫濕度）的方式來找出「真因」。「標準化」既可以讓工作者上手，也讓麵包可以自己說話，因為麵包的閃失會說明一切，像是酵母放太多、發酵時間過長、溫濕度失準、中間鬆弛發酵不足等因素追溯，這樣一來，工作夥伴連出錯、亂掰理由的機會都沒有，「麵包不會騙人，只有人會騙人」，成為喜願麵包的名言。

施明煌透過標準化與圖示化設計，讓身心受限的工作者只要按照食物劇本，注意麵包工坊系統的「紅綠燈」，在「絕對標準」與「相對標準」的巧妙交互運用中，每個人都能成為一等一的師傅，不再需要坊間的烘焙師傅坐鎮！

△日常製程管理②：開放、共享、合作的工作系統

「喜願麵包工坊」沒有一般庇護工廠的職輔員，也沒有技輔員，而是透過日常系統的建置，按步就班、循序漸進，依不同職能設計輔具，共同協力完成作業。例如進貨、銷貨作業、烘焙業衛生管理流程，一切看板化、識別化，進行生產作業管理。放下了「老板」（老是板著臉）的控制與指揮，同仁逐漸發展出不需要「權威督促」、對自己負責的態度。即便施明煌公出遠行、出國觀摩習藝，麵包坊也能自主運作如常。

為了因應異地管理（二〇〇八年喜願在雲林莿桐鄉成立第二據點），施明煌再度發揮絕學專長，把原先早已落實

喜願麵包標準化作業系統，無論是備料或攪拌，程序作業進度透過電腦一目瞭然。

在日常工作管理的程序，連結轉化為作業系統，成為即時、開放、分享的「行動化生產履歷系統」，消費者得以隨時掌握訂單排程，就連第一線的麵糰攪拌者、生產者、包裝者的勞動價值都能被看見，「麵包坊的企業格局」也引發烘焙業界與社福產業的一陣關注。

行銷創新4：麵包和師傅就是最佳代言人

既然要賣麵包，總得要有品牌、有行銷，但是入不敷出的不斷消耗，早已無力負荷額外的支出。受過企業洗禮的施明煌反射性動作，就由「控制成本」開始：從麵包研發、生產製作、機具維修、行銷文稿、架設網站，「施總兼」無所不包。

△

充滿生命力的Logo，從招牌就看得出來

但現今充滿生命張力、令人震撼感動的「喜願」兩字招牌Logo字形樣態，其實是喜樂保育院時期的弟

右圖：喜願麵包的夥伴們，現場作業情景。
左圖：喜願的招牌手寫體，猶如澄澈的孩子般，快樂嬉戲。

兄們，一筆一劃寫出來的。

由於包裝袋上需要印刷設計商標，卻又實在請不起設計師，施明煌急中生智，委請同事發給每位弟兄一張白紙，仿寫出「喜願」二字。

麵包工坊夥伴家青筆下的喜願商標圖案，猶如幾個純真澄澈的孩子，自在恣意地一步一腳印，向上堆疊、快樂嬉戲，撐起了世界，十幾年來一直被沿用至今，不知情的人總以為是出自某個名家之手。

即便只是將「喜願」兩字（極高辨識度的手寫體）放上招牌，無須刻意再向外透露雇用身心受限者的訊息，日後居住在鄰近社區身心受限的夥伴們也就陸續出現了。

△ 會發霉才健康！

剛開始的「喜願」，沒有能力製作花俏、精巧的麵包，天然簡單的穀物成了最佳選擇，也呼應著簡單又自然的工作夥伴，真材實料、值得細細咀嚼，成為日後的重要賣點。

但是穀類雜糧麵包，在十多年前的接受度並不高，尤其不若生機飲食觀念普及的都會區，小鎮上支持的人口實在有限。直到有一天，二林當地最大的機構組織「彰化基督教醫院」來到保育院進行義診，病理科葉坤土醫師順道買了幾個麵包，再把吃不完的放進冷藏室保存，沒想到竟然第三天就發霉了。

「麵包真的會發霉？實在是太棒了！」以一個專業醫生的理解來看，麵包終於會長霉，而且只消短短三天，就表示這是真材實料、沒有放任何添加的「好」麵包。葉醫師立刻逢人介紹、四處張羅，推薦「喜願」進入基督教醫院的合作社賣起麵包。

於是，鄉親們逐漸耳聞了一種「醫師、護士都吃的麵包」，也許不像一般麵包那麼香軟好吃，但絕對是健康又貨真價實的。而後，施明煌陸續接洽各地生機通路，並經由同樣關心身心受限者的彰化師範大學特殊教育學系教授葉瓊華鼓勵，向台中綠主張「共同購買」（主婦聯盟前身）毛遂自薦，開啟了日後與「主婦聯盟生活消費合作社」，以及諸多綠色消費的友善業者合作的機會。

△ 夥伴四處發名片，「我就是麵包師傅！」

不同於社福團體與受庇護者間的「服務關係」，施明煌與弟兄們則是「夥伴關係」，將工作當成了眾人共同的事業，彼此命運休戚與共。

「名片是公司的形象，代表公司對工作者的肯定……。」多年前的某一天，施明煌正經八百地向夥伴們解釋名片的用途，卻愈講愈心虛、愈講愈羞愧，「我竟然沒想到為弟兄們印名片……。」

省思後立即行動，從二〇〇三年的新春起，「喜願麵包工坊」就開始為所有的弟兄們印製名片，感謝一起打拚夥伴的辛勞、與他們分享一路成長的感動。

自此，麵包靈魂的主體、麵糰背後自信的生命張力，也就站出來，生命彼此緊密疊和。有趣的是，弟兄有時兩三天、一個月，就在村子裡把名片當DM發光光，令人哭笑不得，從尊重到欣賞，施明煌卻依然語帶驕傲：「替我們創造了很高的知名度。」

有著令人欽佩的反思性格，這個敢於夢想的江湖匪類，施明煌所有的藝術浪漫、細膩心思與創意行動就是這樣不斷自問反省出來的。永遠把「人的價值」擺在第一，始終忘形訴說著「喜願麵包」故事的快樂，不卑不亢，在工作場域裡盡現人文尊重。

社區互動創新5：里仁為美的回饋行動

當麵包品質邁向穩定，生產管理、營運效率愈見提升，通路與網路市場逐漸愈顯踏實。尤其二〇〇二年SARS危機，宅配逐漸成為主流，麵包坊的業績如同坐直昇機般大幅上揚，達到損益平衡，二〇〇四年喜願就開始舉辦音樂會，表達出對許多朋友、客戶一路相挺的熱情感謝。

△街坊鄰里都是喜願的好朋友

彰化芳苑的「喜願麵包工坊」位處於農地上的農舍建築，沒有地址，唯有地政編號上的「芳林段一三八號」。神奇的是，儘管包裹上只寫著「芳苑喜願麵包」，郵差也能準確送達，在地鄉親也幾乎每個人都說得出「喜願」在哪裡。

街坊鄰里，不一定是喜願的主顧客，卻是喜願的好朋友，像是垃圾車的收運、社區停水停電通知，都有鄰居競相走告；農友若需噴灑農藥，會刻意避開麵包坊工作時段；若是遇上無人上班的假日，農友則化身「保全人員」，看前顧後，守護著麵包工坊；農忙時節，麵包工坊前的空地儼然成為農民採收與分類裝箱的場所，麵包工坊裡面更是有吃不完的蔬果……。

「有時候抱怨別人不幫忙，後來才發現是我們沒有把手伸出去！」因此，施明煌決定採取主動，不時舉辦活動與鄉親熱絡互動。「里仁為美」在施明煌心裡不是口號，而是回饋鄉里的實際行動。畢竟未

右圖：「喜願行」中的「行」是名詞，更是動詞。
左圖：雲林莿桐喜願麵包餐坊，友善開放信任的交易平台。透明化烘焙廚房，安心看得見。

來「喜願麵包工坊」的弟兄也勢必要走入社區，接受人際風雨的洗禮。

△友善售價①：回饋鄉里，就是十元

在「喜願麵包餐坊」的陳列架上，都是不含多餘添加的健康取向麵包，只要食用前經過烘烤、熱蒸，穀香、果籽香還能更顯風味。

這種與大自然共生的健康麵包，無論是餐包或貝果，只要來「喜願麵包餐坊」購買，一個只要十元。

「就是要常民價格。」施明煌認為，十元是價值問題，而不是價格問題。歷經通貨膨脹、物價飆漲，十元的常民價格幾已不復記憶，「守住價值，就是回饋鄉里、破除階級的開始！

真的只要十元？會買「喜願麵包」的人，心裡可不希望「喜願」賠錢。施明煌揮著手表示沒問題：「我稱這個叫作公車理論。」烘焙業中電力是最耗

雲林莿桐喜願麵包餐坊，備有計算機、服務鈴，消費者自助結帳。幾張鈔票、幾枚銅板，自主找零，驗證台灣社會互信的成熟美麗。

費的固定成本，當產量規模已跨越最低製程的成本，這些回饋在地販售的麵包只是台車中的一小部分，就如搭上「順風公車」同步烘焙，成本就已經最小化。探查麵包工坊十餘年的訂單，以少量多樣化的客製化策略，已建構穩定的客群，如「主婦聯盟」、「友善小舖」、「台灣大學員生消費合作社」、「長庚生物科技」等全台各地有機餐飲與健康食品通路。

原來施明煌背後的每個行動都有著思考依據，讓聞者無不一陣嘖嘖稱奇，才發現他果真是個「聰明的傻瓜」。

△ 信任交易②：不設收銀人員，消費者自主付款

「喜願烘焙餐坊」位處於雲林莿桐鄉的縣道上、三面農田圍繞的地景中（二〇一三年三月搬遷新址），一到下午四點半，經常停滿鄰近鄉鎮而來的各式轎車，在鄉間蔚為奇觀。在這裡，內部沒有收銀員，消費者必須自己倒咖啡、選麵包，自行結帳找零。櫃台

備有計算機，幾張鈔票、幾枚銅板就大剌剌陳放在兩層盒籃中。信任與託付的氣氛就這樣瀰漫在整個場域。

除了現場販售必須消費者自助結帳，凡是來電預訂麵粉、大豆或是麵包，都不必預先付款，麵包工坊或餐坊事後也不會催帳，更不檢核金額。儘管現在喜願產品透過網路、電話、傳真的訂購量，已佔每月營收的三成以上，付款機制依然仰賴客戶自主進行。在商業互信基礎薄弱的現在，這樣前衛作風尤其大膽，甚至不可思議。

「站在公平交易的原則上，生產者應該要信任消費者。」施明煌如此相信，並認為麵包的單價並不高，如果為了預防七百塊的最低訂購金額損失風險而多請一個工讀生，「風險」與「控管成本」不對等，而且也沒有道理。這種凡事確認查核的作法也不是施明煌樂見的。

回歸現實，麵包工坊或餐坊也的確掉過錢，遇過帳款總額短少。「就算被惡搞也沒關係，我們尊重人性。」施明煌向夥伴們重申：儘管沒有神話，也不會因為今天掉了兩千元，就改變這個決定。「堅持的本身就是特色，不僅是產品品質特色，更會內化為喜願獨特的組織文化，文化就像組織的根盤。」施明煌將手中緊握的信念，堅定揉進了麵包粉糰中。

「喜願麵包」獨特的信任客戶行銷價值，多年來就這般揉合自體發酵，無須媒體廣告、商業行銷，只憑藉著口耳相傳，就在鄉里間傳遞出美味與感動。

喜願出品，好吃必買！

喜願麵包、小麥、大豆等產品，只吃清淨素食的朋友也可以享用。

喜願共合國系列產品	推薦理由
喜願麵包	
貝果	低發酵，低卡路里，口感Q實、咬勁十足。高溫蒸熱後，搭上簡單抹醬或起士，更顯風味。
法式田園全家福	法國鄉村最具代表性的家常麵包，融合濃郁多穀物，搭配些許堅果與葡萄乾，層次口感鮮明。
德國黑裸麥吐司	萃取黑裸麥精華、老麵酸粉，烤後麥香、穀香濃郁。質地厚實，富含微量元素、營養價值高。
喜願麵條	可做炒麵、湯麵、日式涼麵（強力推薦）、義式拌麵。搭配喜願本土涼麵醬，就是夏日微辣的完美組合。
喜願小麥	
喜願白醬油	本土豆麥釀造，正港台灣血統、無化學調味。鹹中自然回甘，光是醬油拌飯都讓人飄飄欲仙、一再回味。
傳統全麥麵茶	天然焙炒，沖入熱水就可即食的古早味。也可與奶油草本植物併炒，作為各式濃湯油酥。
喜願雜糧	
本土黃豆／黑豆（非基改）	台灣大豆多仰賴進口，九成以上都是有安全疑慮的基改大豆。本土黃豆不僅健康、豆香更濃。DIY打豆漿正風行，為自己來杯健康的豆漿吧！
黑芝麻粉	香氣濃郁，可直接沖泡成芝麻糊或加入牛奶、豆漿。「上下游新聞市集」盛讚：「有了喜願黑芝麻粉，早餐再也回不去沒它的日子。」
涼麵醬	白芝麻搭配花椒，增香解膩。也是一款萬用沾醬，搭配火鍋或白煮肉，風味一級棒！

喜願小麥

麥田狂想的推手施明煌。

留著麥穗髮瀏的可愛「大麵神」與大豆特工隊。

小麥革命

繼麵包烘焙之後，立志成為復育小麥等雜糧推手

小麥復育行動1：讓小麥在台灣重新扎根

麵包的原料來自麵粉，麵粉原料來自小麥。施明煌回憶起五年前，民生物資突然大幅飆漲，麵粉「隨人喊價」，從四百元飛漲至七百元，產業猶如突遭綁票勒索。「商場的手段沒有對錯，只是選擇。有人選擇順服轉嫁，有人選擇收攤下台，但也有人選擇對抗自立自足。」施明煌選擇了後者，於是不斷思考，「如果台灣自己能種小麥，為什麼需要靠進口？難道台灣種不出小麥嗎？」

△ 抵制麵粉飆漲，邀小農契作種小麥

施明煌爬梳歷史、走訪各地發現：「台灣不是不適合種小麥，而是缺乏產銷計畫性的培植，尤其在中美『貿易平衡』的壓力下，『是我們刻意選擇遺忘了小麥！』」「看看台灣這張圖，靠海、靠山都能

右圖：喜願契作小麥農友合影。

左圖：遍地開花的喜願小麥，創造秋冬種植的多元選擇。

下圖：芳苑喜願麵包工坊外牆的彩繪白海豚。芳苑喜願距離國光石化只有十五公里，推出喜願「白海豚」麵粉，替消費者進行一場環境教育。

種小麥。不過，從生產效能與性狀看。台灣西南沿海一帶的表現相對穩定。」為了捍衛經營成本，施明煌決意抵禦國際麵粉寡頭的壟斷壓迫，栽進了契作小麥的變革之路。但進入核心後才驚覺：得先解決農業與別人的問題。

為了讓小麥在台灣重新扎根，施明煌從二〇〇七年開始契作小麥一公頃，從三公噸小麥收成種起；二〇一二年全台契作總面積達到六十五公頃，雖受雨害卻能突破一百公噸；而二〇一三年進展至契作二百公頃，小麥收購量更將上看五百公噸。另外，也已經在花蓮玉里成立第三個營運基地，架構「喜願共合國」（喜願社區協力農業營生群組），逐步納入大豆、雜糧等原料自給自足的範圍。

△復育行動①：遍地開花，重現小麥金黃色記憶

小麥本就是粗放作物，喜歡砂質土壤、不怕鹽化，只要通風良好、日照時數充足，就會長得好。台灣小麥適種期在每年的十一至三月，「夏稻冬麥」更是在地農村原貌。從雲林「麥寮」、彰化福興「麥厝庄」、屏東恆春「麥仔田」的傳統地名，就能窺得過往栽種小麥的軌跡。尤其台中的大雅，至今仍大面積栽種小麥，還是名聞遐邇的金門高粱的主要原料，當然也就成了金門縣指定用的小麥種源。

攤開施明煌在二〇一〇年的小麥契作地圖：北自陽明山，苗栗苑裡、灣寶，台中大雅、彰化二林、芳苑，台南學甲和佳里、高雄美濃、屏東恆春，到台東池上、花蓮玉里、壽豐及宜蘭員山，環島種植二十一個據點，甚至有些還通過有機認證。從契作分佈全台各地的活潑性來看，見證了小麥在台灣果然能夠適地生長，重現在地小麥全盛時期的版圖。

施明煌推廣契作小麥，豪邁口吻帶有創意：「我希望遍地開花。」所以，他不考慮大面積集中耕作，反而廣邀各地小農共同契作，迫使政府注意到此事的嚴重性，從佈「點」開始，逐步連「線」，最終構成環島「網」，讓僵化的公務體系產生壓力。」

考量到小麥種植經驗已在庶民記憶完全消失，串連契作卻可成為教育農民和消費者的媒介，不但讓台灣的秋冬有更多元的種植選擇，也讓好久不見的台灣小麥再現江湖。「歡迎冬天來看麥田，很漂亮喔！」施明煌調皮眨眨眼。

△復育行動②：推動糧食自主意識，鼓勵生產並創造選擇

稻米原為台灣主食，但國人飲食逐漸受西化影響，自二〇〇九年開始，小麥已一躍而成台灣最大食用類作物。更驚人的是，台灣的麥子近乎百分之百都是由國外進口，幾乎等同於台灣稻作量。況且，台灣的糧食自主率只有三十二％，遠低於歐美的一百二十二％、日本的四十％。原因就是「獨尊稻作」，種植過度傾斜。

施明煌憂心說道，「農產品貿易化早就對台灣造成極大衝擊，我們必須承認雙主食的存在事實，並且要認識糧食過度依賴進口的危險。」否則屆時「糧食危機」面對的，不只是期貨操作下的價格波動而已，只要產地國降低出口量，國際供給吃緊或油價飆漲，隨時都會有搶糧風險，甚至是「戰略問題」。

儘管台灣小麥不可能「取代」進口小麥，但施明煌仍堅持差異化種植，提供另一種選擇，以「加入」創造價值。從找尋適合台灣土地與氣候的種籽開始，施明煌選擇不透過政府、農會團體，直接與獨立小農合作，一路陪伴農友面對的挫折、保價收購、承擔風險，奠定對小麥農作的管理基礎。二〇一二年，契作農友已達四十五位，小麥、大豆的契作農友更超過一百位。

小麥推廣革命2：在地農糧、在地加工、在地消費

從二〇〇七年推廣種植小麥，因為掌握足夠的麵包銷量，讓「喜願小麥」有了籌碼跟農民談合作。過去施明煌自己買機器磨粉、焙炒，尚可自行應付，

不捕鳥，無農藥、無除草劑、無化學肥料施做，洋溢青春氣息的「喜願小麥」設計。

喜願與聯華小麥粉發表會。發表會上施明煌與小麥契作農友合影。

但隨著小麥種植的量與能之任督二脈逐漸打通，以及為了讓麵粉達到最小量入庫、幫農友種植的小麥找到未來，接下來就必須重新尋找適宜的麵粉廠與選定適合的商品加工選項，幫助產銷連結。

△推廣行動①：從加工端創造需求

回復在地小麥種植，要得因應氣候、雨量、土壤、病害等種種變異，推廣已不容易，還要面對進口小麥價格時而回跌的壓力。再者，自產小麥的加工，更是面臨前所未有的困難：既要冷藏存放、還要以最小體積完成倉儲運輸；更由於本土小麥進廠可研磨量少，無法滿足現有極大化工業碾製生產，流程作業負擔相對變大，後續配粉程序更是繁瑣，少有下游廠商願意承接委託加工。

「當你真心渴望追求某種事物的時候，整個宇宙都會聯合起來幫你。」至少《牧羊少年奇幻之旅》一書是這麼說的。感動於施明煌的夢想與發心，專業研磨的麵粉廠如「洽發麵粉」、「宏興麵粉」，生

上圖：喜願小麥專車，巡迴全台各地農區。

下圖：喜願出品，正港「台灣」大豆、醬油、麵條、DIY手作餅乾。當基改大豆低價傾銷台灣，肥美純淨、非基因改造的本土黃豆、黑豆，正捍衛著你我的健康與土地。

產各式麵條的「三風食品公司」都表達願意不計成本相挺，協同喜願重新連結起斷裂的供應鏈，推進台灣小麥勇敢走入群眾。

△推廣行動②：啟動大麵神計畫，本土小麥產品飄香

走進有機通路「里仁」或居家賣場食品區，映入眼簾的有個喜感「大麵神娃娃」的搶眼包裝。這個有著大大圓臉、麥穗髮瀏的「大麵神」，不只是尊神，還化身為麵條、麵茶與麵粉的代言人，在可愛之餘更有期許：要把「百分百本土小麥」製作而成的產品推入常民生活。

其實台語中的麵條常稱「大麵」，至於「大面神」則是「厚面皮」的意思。從麵粉升級為麵條，喜願小麥的「大麵神」就此進入了常民凡間。這個料理方便且沒有保存壓力的親民食物，灑上油蔥、注入滾湯，就是手中捧過的溫暖記憶。有了活潑朝氣的圖案設計加持、「主婦聯盟」的致力推廣，本土小麥頓時脫胎換骨，開啟了在地農產的全新面貌。

△推廣行動③：異業合作，進入主流市場

曾被識貨、嫌價，也歷經猶豫困頓，施明煌仍一步一腳印，引領眾人看見小麥新價值。四年多的時間，復育台灣小麥儼然成為一項公民行動，不僅吹響了生產者多元種植的號角，也召喚著大型企業履行企業社會責任，支持拓展導入消費市場。

二〇一一年，「喜願小麥」幸運地得到「聯華實業」（台灣最大規模的麵粉廠）的承諾，決定與世界平均栽種面積最小的「喜願麥農」攜手合作，改善過往台灣小麥面臨磨粉、品質分析與銷售問題，並且為了因應喜願有機小麥的種植，特地在製程與專用倉儲上進行改造。透過「聯華麵粉」的專業銷售體系，果然迅速地讓各大連鎖烘焙以及台灣諸多國際比賽烘焙大師，都開始選擇以台灣本土小麥麵粉作為基底，以專業研發支持在地食材。

值得一提的是，「喜願小麥」正透過「里仁」接受食品的反恐驗證，準備將喜願全麥麵條產品進軍美國！「為什麼他可以賣我們東西，我們不可以賣回去？」施明煌看似不按牌理出牌，卻能打出一手好牌，且不妥協地創造未來。

△如果我能為農業做一件事？

想做什麼，就做什麼。這施明煌就好像過動的土匪般，不安於室。從做麵包到種小麥，本來是「以小搏大」，竟然「愈玩愈大」。到了小麥契作第四年，他再度看到了大豆的困境，乃與台南學甲、嘉義東石、苗栗苑裡、花蓮玉里等全台小麥班底的農友們一拍即合，決定再成立「大豆特工隊」與「雜糧聚樂部」，繼續為推動農業活化種植而打拚。

「不斷鼓勵農友種小麥，那又是一種不負責任的態度。」施明煌解釋，禾本同科的稻麥易受相同病蟲害威脅，無法終止減緩用料以及達到土地活化的目的。反倒是多元雜糧輪作，既可低資源和低人力投入，也無須整天除草除蟲。最能友善土地的豆麥輪作，以大豆固氮作物的特性，既可降低用肥，並可中斷蟲害代間史，是有效友善土地的方式之一。

「只要農友『種』什麼，我們就『做』什麼；農友『種』得出來，我們就『賣』得出去！」由「喜願共合國」串起斷裂的產銷橋樑，鼓勵消費者從吃當地改變農業種植，都是維繫著那股初始原念：建立一個以由生產者、加工者、消費者和服務者互相承諾、相互支持的社區協力農業營生群組，致力推進「在地農糧、在地加工、在地消費」，期許以農友生活的農村、生產的農作物，在不同的風土環境中，孕育出不同的人文歷史，共好共生相伴。

△企業行動就是社會運動

「活著就是最好的利潤。」施明煌反覆以此自我勉勵。二〇一二年「喜願小麥」終於轉虧為盈，成為群組中最高營業額的事業體。在「喜願小麥」前四年虧本時，都是靠「喜願麵包工坊」支持著，可以說，沒有「喜願麵包工坊」就沒有「喜願小麥」。現在「喜願小麥」活下來，就要照顧「喜願大豆」，形成互補互助的實體群組。

「意志是理想的引擎，油料是新台幣。」施明煌再以生動譬喻，感謝所有以實際消費行動支持喜願的朋友，這股最堅實的財務支持。每回小麥、大豆農作收成期周轉金額龐大，不免因為現金流壓力感到「皮皮剉」，但「高理想就是高風險，不該找一群人來投資你的風險。」寧可享受著朋友互信借款得到的祝福，推辭商業資金的投注，施明煌至今仍舊獨資，未來將發行「穀票」、認穀權證（註二）促進生產者與消費者間的互信合作，以實質的行動力支持社區協力農業。

翻開施明煌的人生字典，「實踐」就是最好的批判。五年多來，沒有與農友簽訂任何紙本契約，情義相挺的「信任」更是他的信念。不只是浪漫熱情，引領著一群「傻子」成為「信徒」，大膽串連弱勢小農以行動建立農糧自主，催生發展出一段由消費者、生產者自主推動的意識行動。而這樣的企業行動，不就是一種強而有力的社會運動！

註一：基於你我都有各自的能力限制，施明煌以「身心受限者」取代具有負面意涵標籤的「身心障礙」。日本更友善稱呼為「（身體）不自由的人」。

註二：「穀權憑證」，挑戰現行金融體制的大膽創意行動。消費者可以透過現金「認穀」，轉換成一年所需的小麥大豆（豆漿、醬油等）實際產品，鼓勵生產者與促進直接消費、改變產銷體系、提高糧食自主率。如同股票市場中的「穀民」，也能得到穀利回饋。

【不一樣的做事態度】

施明煌認為，十元是價值問題，而不是價格問題，守住價值，就是回饋鄉里、破除階級的開始！從食材上的自然、到價格上的親切，都召喚著地方鄉親徒步、騎腳踏車、「歐都麥」專程前來購買，施明煌直呼：「那種被接受的感覺，真好。」

上圖：麥田中犁出的音符、小小音樂家，一場場「麥田音樂會」構成了土地最美麗的舞台。

下圖：一群好樣的農友，種出台灣的好麥，二〇一二年「好麥共響」音樂會，傳承小麥活力。

《喜願共合國》的挑戰×創新

⊙勇於挑戰的難題：

1.弱勢就業：身心受限的朋友，在成長路上必然將面對就業的問題。除了社會福利機構，能否有一個地方能夠讓他們自立自主、發揮潛能，穩實安身立命呢？

2.糧食自主：國際糧價長期波動飆漲，影響民生甚鉅。已躍升台灣主食的小麥，幾乎仰賴進口，等同台灣稻作量，但公部門與社會大眾卻對「糧食依賴」所造成的危險，仍未做出反省行動。

⊙創新的解決策略與經營模式：

1.創業創新：資源放在需要的地方，非賺錢的地方

本著「創業」精神，不接受捐款、不向社會募款、不申請補助，嘗試以自身專業所長與資源能力，與身心受限者共創自立自足的事業。

2.生產與管理創新：去權威化，每個人都是師傅

發展出「工作該去適應人，而非人去適應工作」的行動思考，將流程重新拆解、工具重新設計，讓身心受限的工作者皆能得心應手、駕輕就熟。

3.行銷創新：信任客戶的口碑行銷

不收取預定訂金、不設櫃台結帳人員、不做凡事檢核的體制，以信任驗證台灣的美麗成熟，就是最好的口碑行銷。

4.社會工程創新：企業行動就是社會運動

打破過往「台灣不能種小麥」的迷思，引領社會正視「糧食自主」的重要性，實質提高「糧食自給率」，也迫使僵化的農業公務體系重新思考，進而改變休耕補助的種作生態。

DATA

喜願共合國

企業名稱：
喜願行（「行」是名詞，也是形容詞，更是動詞）。

產品內容：
健康穀物麵包，友善小麥、大豆等雜糧契作，豆麥雜糧加工消費品。

成立時間：
喜願麵包工坊（一九九九）、契作台灣小麥（二〇〇七）、契作大豆（二〇一一）。

營運位址：
喜願麵包工坊（彰化芳苑）、喜願烘焙餐坊（雲林莿桐）、喜願農作契作（全台，目前已有三個規模較大的契作自治區，分別是「一三八自治區」（彰化芳苑）、「二三八自治區」（雲林莿桐），「三三八自治區」（花蓮台東）。

喜願麵包網站
http://naturallybread.yam.org.tw

喜願小麥契作
http://www.taiwan-wheat.net

喜願大豆特工隊
http://www.taiwan-soybean.net

喜願雜糧俱樂部Facebook
https://www.facebook.com/TaiwanGrains.Club

哪裡買得到：
喜願共合國自治區、主婦聯盟、上下游新聞市集、里仁有機、二四八農學市集等等相關友善通路。

個案延伸討論 讓夢想發光的創新與挑戰

1. 你的夢想是什麼？

施明煌想與一群身心受限的弟兄共創自己的事業，促使他創辦「喜願麵包」，那呼喚你內心深處的使命又是什麼？如果還沒有，現在就開始想一想？

2. 對於所要投入解決的社會問題或服務對象，了解有多少？

施明煌從自身受到國際糧價波動的壓迫，看到糧食自主的重要與農業問題。不妨現在就走入問題現場，看看可以怎麼做？

3. 檢視自己的優勢和專長是什麼？

施明煌將本身的工業工程專長，運用在工作流程改造，讓身心受限者展現了主體生命力。想想看，什麼可以讓助人的事業可以有好的開始？

低調拓展震撼性身障者就業版圖

勝利潛能發展中心

文・胡哲生　梁瓊丹

本身就是小兒麻痺病友的張英樹，
讓「勝利」搭建起身心障礙者的就業平台，
他認為與其問：「身心障礙者可以做什麼？」
不如問：「他『不可以』做什麼？」
於是，走出庇護工場的經營格局，
大量運用「創新、專業、資訊、多元」的方法，
經營旗下資料鍵檔、平面設計、超商加盟、
手工甜點、加油站、精品琉璃等營利事業，
不販賣愛心、不對外募款、不消費故事，
拚品質、拚服務、創營收，低調拓展多樣性職種，
勾勒出震驚各界的身心障礙者就業版圖。

關注
領域

弱勢就業

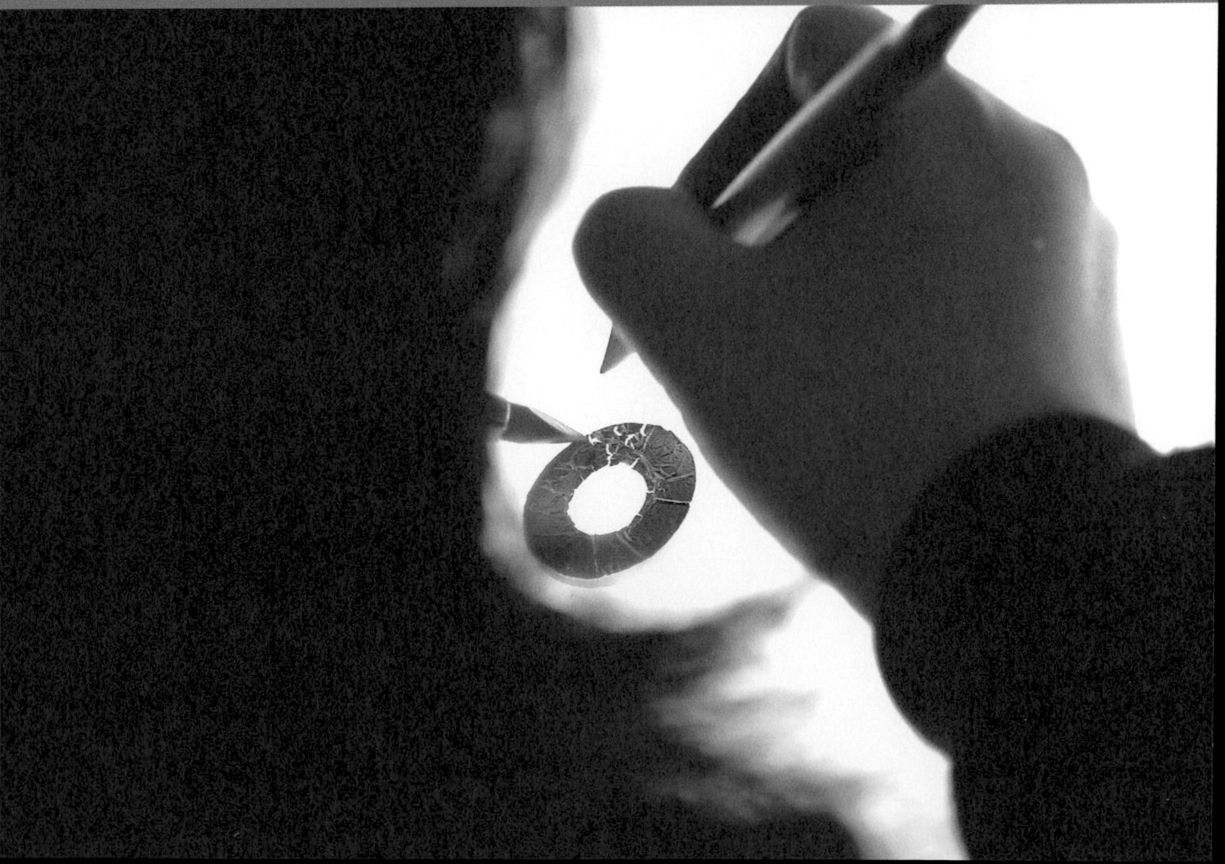

當社會大眾對於「弱勢就業」的認知還停在烘焙、按摩或洗車，甚至愛心事業時，「財團法人台北市私立勝利身心障礙潛能發展中心」（以下簡稱「勝利」）試圖激發身心障礙者的生命潛力，讓有能力工作或有意願工作的人都能建立自我專業、創造價值，更堅持「不販賣愛心、不消費故事」。

漫遊台北都會、從北端遊走至南端，咖啡廳、加油站，美術設計、琉璃文創，手工甜點、幸福餐盒，資訊鍵檔、雲端印刷，成了弱勢就業的流轉舞台，單調的工作風景裡，光影早已無限延伸……。

即便關心台灣非營利組織（Non-Profit Organization, NPO）發展的朋友，恐怕也不怎麼熟悉「勝利」。甚少接受外界採訪，絕少活動宣傳，組織中沒有公關行銷編制，也堅持「不募款」。創立之初，「勝利」就期許自己透過身心障礙培力與事業單位經營，在財務上獨立自主，低調卻開展出震撼性的就業地圖。

△ 堅信，跟別人沒什麼不一樣

「勝利」前身，為「屏東基督教勝利之家」的台北分事務所，二〇〇〇年正式獨立，主任張英樹就是組織「首腦」。張英樹投入身障就業開發至今，已邁入第二十四年，時常自嘲應評估鑑定為體重上的「極重度」身心障礙者。他言談之間思緒縝密、邏輯清晰，外套下微凸的小腹，猶如暗藏著小叮噹口袋，似能變出魔法。

雖然是幼時小兒麻痺而導致行動不便，生長在台北的張英樹卻是一路平順，依著社會期待的軌道前進：大學數學系的高材生、資訊工程專業出身，是外商本地企業都渴求的人才。因為從小就被灌輸：「你跟別人沒有什麼不一樣。」要自立自強。

一九八〇年代，毫無憂慮的張英樹還是個大學生，就經常出入「伊甸基金會」擔任義工、協助黏貼捐款劃撥單等工作。某次偶然的機會下，他參加了由「伊甸」與「屏東基督教勝利之家」共同舉辦的

「大山大海營隊」，這些身心障礙學員涵蓋學齡前孩童，大至青春期的國中生、社會人士，共有二百多位朋友參加。從大山橫貫健行，到隔年大海墾丁浮潛，無論從人數上或是挑戰內容來看，都可謂是當時的創舉。

「竟然有這麼多特殊的生命與個體！」初次擔任活動執星官的張英樹，突然眼見了特殊小個體的大集合，一時之間感到極大的震撼。張英樹不斷自問：「是不是能做些什麼？」

大學畢業後，歷經幾個春夏寒冬，他下定決心告別台北證券公司資訊辦公室的優渥，回到「屏東基督教勝利之家」，從為這些身心障礙朋友們開發學習程式，進而參與身障就業服務設計，透過生命版圖的開拓，為身障就業創造機會。

MORE

認識「屏東基督教勝利之家」

一九五〇、六〇年代，小兒痲痺病毒侵襲整個台灣，曾有高達數千位孩童受到感染而癱瘓。「挪威協力教會」的醫師畢嘉士夫婦抱持著「給一個機會，不管要付出多少代價」的這份理念，創辦全台第一所小兒痲痺兒童之家（一九六三年），開始醫治與收容各地的病童進行療養，提供患童受教機會，服務範疇也包括特殊教育、職能治療，隨著服務對象的成長，擴展至就業開發，逐漸發展成今日的「屏東基督教勝利之家」。

右圖：勝利潛能發展中心主任張英樹。堅信用對方法，就能專業。
左圖：無論是尾牙或是國內外旅遊，「勝利」的孩子，倚著自己的專業力量，為自己創造難得的體驗。

就業創新

拓展身障者多元就業版圖，拚品質、拚服務、創營收

在台灣，身心障礙的非營利組織多從病友家長團體出發，為特定障別的孩子發聲，甚或發展得早而專業，形成社會既定印象。但如果標籤塑造：心智障礙者只能做烘焙、視障者只能做按摩，就會被侷限在既定窠臼，甚至曾被國家法律保障。

△創造工作發光舞台

有工作意願、或有工作能力，一樣熱血，卻隱藏在社會對其「不方便」的理所當然，缺乏舞台、無法發揮。「勝利」對工作夥伴從不刻意設定身障類別或門檻，「有需要的，我們就服務。」張英樹堅定地表達。

從居家學習模式奠基，到職種開發的庇護工場（註二），以及事業經營整合，張英樹反將所有可能的組成視為一個團隊，猶如一般職場：夥伴或熱情大

來到「勝利加油站」，消費者一如平常，享受著所有加油員的歡迎、指揮、加油、洗車等的專業服務。

膽、或敏感心細，彼此支援，走出了創新的機會。

此外，張英樹從不認為「勝利」的輔導員一定要具備社工背景，但絕對是該領域的專業工作者，透過定期召開的就業輔導等會議，建立對內部服務夥伴從病史、家庭連結到工作表現的瞭解。因此，「勝利」旗下的「V-design視覺設計中心」的諸多視覺設計指導者都曾留學海外，各具有十多年的資深業界經歷；「勝利加油站」站長的林敏達，從民營加油站經營體系，踏入了非營利組織，全力打造一家「不一樣」的加油站；扛下便利商店營運重任的張佩玲，是兩個孩子的媽，經過多職種專業的洗禮，懂得服務、更了解孩子；還有原是加油站副站長的陳忠志，「看身材就知道」的嗜好熱忱，也跟著張英樹一起投入「北歐先生」手工甜點的開發。

△ 開發多元創新營利事業

「只要進來的每一個人，都是我們的同事。」張英樹再次懇切的表述。過往「學員」一詞被炒作得厲害，不時聽聞非營利組織由服務者轉為經營者，既向政府申請營運補助，也向家屬收取訓練費用，並將勞健保福利視為經營成本，壓低「學員」薪水。然而「勝利」自一開始就切入「就業開發」領域，堅持不做個案收費服務。

「勝利」是財團法人，沒有股東。從設立第一間庇護工場開始，勞健保等就業福利支出遠超過政府強制的「身心障礙者權益保護法」規定。盈餘也回歸到第一線工作者，薪資就是最清楚的指標：名列庇護工場同業數一數二的標準，加油站、便利商店甚至高於同業起薪，個案承接單位，例如鍵檔中心則視件數與正確率，提供合理的工作報酬福利、利潤共享。

「我們是非營利組織，但是專門在幹營利的事情。」在力破非營利組織窠臼的嚴肅氣氛中，笑聲突然在方寸間竄開……。「勝利」底下的各事業體財務獨立，每個事業的創業基金，由財團法人母體提供，部分則由獲利事業提撥，例如便利商店加盟的經營資金，就是由「勝利加油站」盈餘提撥孕育而來。如果是尚未損益兩平的單位則由「勝利」貼補支援。

「勝利」旗下已有資料鍵檔中心（二〇〇〇年）、V-Design視覺設計中心（二〇〇二年）、加油站（二〇〇九年）、Enjoy 台北餐廳（二〇〇六年）、手工琉璃（二〇〇八年）、全家勝利店（二〇一一年）、北歐先生甜點專賣店（二〇一二年）、數位印刷中心（二〇一三年）等，現在就來看這些令人驚艷的就業開發版圖。

就業創新1：資料鍵檔中心

經營十年的「勝利資料鍵檔中心」，主要承接具高規要求的銀行業者，著重資料安全、保密要求，以及精準度高的資料處理。透過專業訓練、科技運用與團隊組合，鍵檔正確率高達九十九．九九九五％。「中國信託」一直是「勝利」最大的客戶；同樣的，「勝利」也是「中國信託」最大的信用卡委外鍵檔單位。

△不貪戀坐大，但要做到專業指標

大量複製，規模化、坐大產業、整合產業鏈，向來是企業經營的實踐路徑。但張英樹的思考卻很不同，「台灣市場規模小，發卡量落差也大，即便承接下來其他客戶，恐不及第一名規模的一半或三分一。」

張英樹認為與其要花費精神開發坐大同一產業，「勝利」的服務就會侷限在特定工作者。他更大的企圖是，當專業能力已經做到極致、得到證明，就必須開發多樣工作選擇、不同潛能的工作場域，讓多樣生命盡情發揮。

「我們希望建立指標作用。」張英樹語言豪氣自信，因此選擇將盈餘用在不斷投注開發多元事業上，在既定模式的背後，尋找不同機會。

就業創新2：V-Design視覺設計中心

女孩小倫（化名）的手蜷縮著。六歲之後，就深受「類風濕性關節炎」所苦，如今全身只剩下幾根手指頭能夠活動。每每因為疼痛吞噬了睡眠，她只好把注意力放在學習上。「經常痛得睡不著，還不如醒著做點什麼。」儘管翻書已是奢求，電子書已然成為陪伴她的好友。工作時的她，讓滑鼠球體反倒，一指摳轉滾輪、一指點選打字，開始與電腦另一端的客戶窗口對話，進行美編排版。

△美學創意設計，解放被囚禁的靈魂

張英樹特別關心重度障礙者，因其最未被滿足、最少被照顧到，而且因為難度高、切入不易，幾乎沒有非營利組織願意展開服務。張英樹則從二○○一年開始成立E-Learning「居家學習網」，設計一千八百個小時的授課時數。在那個撥接上網、寬頻光纖還未普及的年代，「勝利」從開發軟體、課程製作、到進度討論等教學機制，早已全數E化

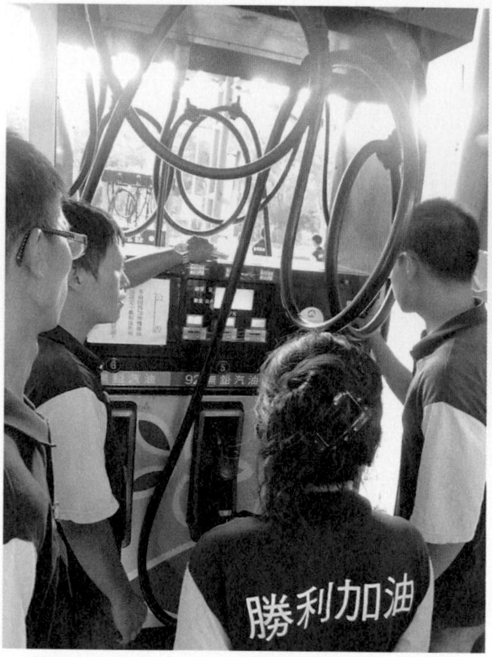

右圖：「勝利 V-Design 視覺設計中心」設計作品。

左圖：「勝利加油站」為全台加油站中，唯一通過 ISO9001、ISO14001 認證的加油站。

及系統化，建構遠距學習與居家工作環境，為重度障礙者開創工作價值與生涯的可能。

如今這些重度障礙者將所學在「V-Design視覺設計中心」盡情發揮，有人長於動畫、有些長於平面編排，也有擅長網頁製作。張英樹試著解放這群「靈魂的巴士底」（Bastille，註二），協助他們從職訓走入就業。從英文傳記、台灣珍貴植物年鑑、國立歷史博物館出版物、榮獲國家出版獎的諸多作品，都是出自於這群面對著人生最大困難的十二位設計師。

就業創新3：勝利加油站

車子來到建國高架橋下，緩緩駛進「勝利加油站」。消費者一如平常，享受所有加油員的歡迎，從指揮緩車、擦窗、加油、收銀、找零，所有動作與服務與其他加油站並無二致。

△用對方法，也能讓服務做到很專業

從個體的興趣、能力、意願出發，張英樹透過「職務與輔具再設計」，將工作流程進行切割或改善，以便提供與一般加油站相同的完整服務。尤其，身心障礙者一旦執行上手，就不太會改變、相當穩定。只是，「工作可以切割，服務如何切割？」

服務人員蓋上油蓋後，消費者亮出信用卡，不過也有人使用油票、現金。不同的信用卡有不同優惠，或要累積點數，當然也有人想要直接換贈品，甚至半現金、半信用卡的付款組合要求。看似簡單的加油收銀，其實相當複雜。

「服務切割」的困難，在於責任歸屬：一個加油站若同時進入多輛車，難以確保車別、卡別與消費金額的關係。不過，只要輔具運用得當，揣想就成了多餘。例如將加油站的每個車道分區，設計專屬置物格、讓每台加油機標識編號，當各區編號如F1客戶的卡片與找零，就會放置在F1。簡單的輔具運用得宜，各司工作者就可以一目瞭然。

「勝利」從工作者角度進行「工作再設計」，應用在咖啡廳、餐飲事業、手工琉璃等營利單位，無一不是如此。

△不接受捐款，反能將部分收益捐贈

張英樹將工作者視為「內部客戶」。一般加油站以「保護加油機具」的思考出發，避免客人車速過快、減速不夠撞上加油機，因而刻意拉高泵島高度。「勝利加油站」則為了協助同仁上下坡道，反向降低泵島高度設計，「畢竟每天工作七・五個小時，要協助將體力負擔降到最低。」

因應工作者需求，勝利各單位的POS系統（Point of Sales，電腦銷售點管理系統）也做出對應調整，設計適合單手身心障礙者可俐落拿取的零錢盤，以專屬條碼機取代刷卡。對於有更大工作潛能的身心障礙者，張英樹都希望為他們建立「專業」的態度，來面對自己的工作。

只有當工作者不依賴購買者的愛心消費，身心障礙者才能正確看待自己的工作，消費者對身心障礙者的工作價值也才能夠更認同。因此，「勝利加油站」不接受捐款，反能將部分收益捐贈「聯合勸募」身心發展基金，並時常販賣推薦各地小農產品，讓工作者分享價值創造。

加油站團隊整體表現受到肯定，「勝利加油站」是全台加油站中唯一通過ISO9001、ISO14001認證的加油站，每日服務高達二〇〇〇車次的顧客。「中油」公司另外也以「團隊進用」方式，邀請「勝利」進駐「中油」直營的「林森北路站」與「建國北路站」，薪資比照所有員工，就此創造出公益與企業的雙贏，也站上身心障礙者一般性場域就業的新典範。

就業創新4：手工琉璃

如果文化創意脫不了設計創新，是否身心障礙者就一定跟文化創意沒有關係？十多年前，張英樹造訪北歐藝術小鎮的藝術工坊，觸發了他投入文化創意經營的想像，「多麼令人尊敬的工作環境與工作者啊！」光線清朗明亮，巨大的廠房中分門別類、每人各司其職，即便熱塑、吹製的工法使得整體環境燠熱，工作者卻依然專注其中。「有沒有機會讓身心障礙者也能從事這樣的工作？」張英樹心中湧上了這股念頭。

△建立身心障礙者投入文化創意新指標

台灣主要琉璃工法有兩種：「琉璃工房」或「琉園」的脫臘鑄造，技法繁複、造型立體，資金門檻高，非一般非營利組織能夠投入負擔。相對門檻低的熱吹製，如新竹琉璃或地方夜市等的熱銷作品，具一定危險性、環境限制亦較多，推展琉璃嘗試的想法因此一直擱置。

直到三、四年前，張英樹接觸到融合與冷工琉璃製法，可以將琉璃製作過程切割不同環節，而且當出窯後，可以直接做噴砂、拋光、拉絲等冷工處理，工作環境單純安全、大大降低身心障礙者投入藝術創造的門檻。工作者只要經過職業評估，完成兩至三個月之課程訓練，身心受限者也可投入生產線。

然而新工法，是機會，也是風險。

也許因為傳統技法未能滿足創作上的需求，融合工法在歐美多是藝術家技法，在未臻成熟的台灣並不普遍。除了產業規模無法聚集累積之外，作為前行的開創者，還得面對市場教育、技法的突破。再者，為了提供友善工作者的無毒環境，必須全面採用進口無鉛材料，許多設備也必須自己研發，成本高得驚人。

△

不只是愛心，還要是做出專業與創意

幸好大夥兒對創新行業的共識與認同。美學產業的嘗試，已有E-learning「居家學習網」、「V-Design」等設計經驗的奠基、扎根，更有來自於關鍵性事業體如「鍵檔中心」、「V-Design」等創新職種經驗的成功累積，建立團隊對於身心障礙者的瞭解與潛力信心。即便文化創意需要長時間琢磨發光，卻能挖掘出身心障礙者本身的能量。

夥伴們從生活中擷取靈感，分享、修正彩繪手稿，進而打樣成型。小火慢煎，一輪澄黃明月，在柔嫩的蛋白凝脂上晃動。「好像不夠有趣，再來顆生蛋吧！」扣、扣，敲顆蛋。蛋黃不偏不倚，墜入清澈透亮的蛋清之中。這一熟、一生的荷包蛋，就是用琉璃端出的感動料理。當黑亮醬油緩緩注入，成就出時尚餐桌上最具創意風格的擺飾。

張英樹笑說，「無法全程做完單一產品的限制，現在反而成為優勢！」層層交疊，手工技法都有不同。但透過工作切割，即便無法勝任複雜工作的自閉症孩子，也能專注特定步驟，慢慢形成生產線、涉入創意發想。

來自八位同仁團隊的原生靈感與創意品項——「荷包蛋琉璃碟」，在統一超商「把愛找回來」活動中創下了數百萬的銷售佳績，甚至打破了超商愛心活動紀錄。但諸如此般「愛心」活動的成功，張英樹

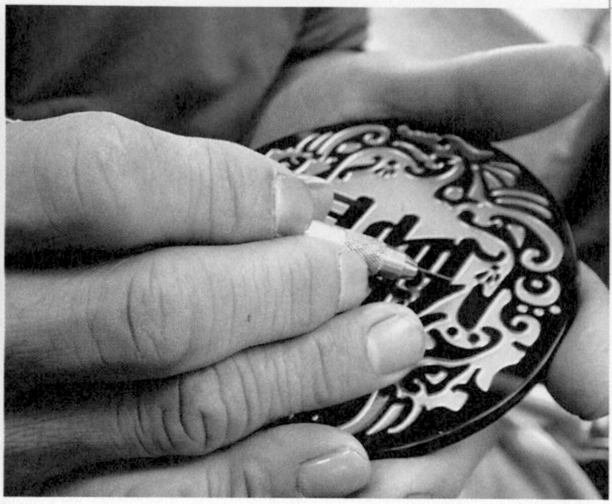

「勝利琉璃」以「傳玻者」為品牌。為台灣第一個以身心受限者從事文化創意的庇護工場。左圖為「勝利琉璃」四花系列，秋菊。

卻是感觸良多：消費者究竟買到的是什麼？張英樹期待消費者是因為專業，讓琉璃透出晶瑩的光芒，同時將焦點回歸到服務與產品、設計與創意，賦予對工作者的尊重。

勝利琉璃因設計感強、質感佳，台北花博期間一度供不應求，廣受國內外消費者喜愛。二〇一二年更受到「東京國際家居生活設計展」（Interior Lifestyle Tokyo）台灣館負責單位的邀請，與其他知名文創業者攜手，代表台灣站上國際舞台。

就業創新5：蘭花組織培養中心

與其問：「身心障礙者可以做什麼？」不如問：「他『不可以』做什麼？」不看個體限制、不斷找尋市場機會的張英樹，揮出逆向一擊。

△

看機會不看限制，證明沒有什麼做不到

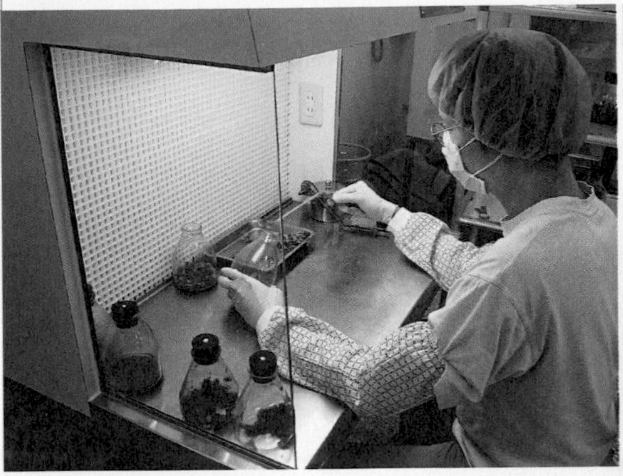

勝利蘭花組織培養中心」——Baby Green。不須長時間移動的專注，得以高精密育成瓶中的美麗。

「勝利」的企業開展足跡，也因而涉足了生技蘭花的組織培養。走進位在台北市內湖區「Baby Green勝利蘭花組織培養中心」，在無菌的生技實驗室裡，輪椅上的工作者正用夾子輕輕撥開花梗結點的薄膜，判斷是否有芽點。細緻消毒、手術刀切割之後，再將其移植到生長瓶或培養皿中。其技術性高，可替代性低，只是無菌瓶苗從育成到出貨，過程漫長，最少都需要一到二年的時間。

「孕育組織種苗的過程中，最繁複的關鍵就在於消毒。因為感染率高，又無法從肉眼辨識，有時消毒三、五次還是會感染。」曾任職「Baby Green勝利蘭花組織培養中心」、現為「勝利全家便利店」店長張佩玲回憶那段投入生物科技的往事。蘭花組織培育屬於高精密性工作，不須移動的全神貫注，尤其適合身心障礙工作者。

「別再搞了！生物科技，怎麼會跟你們身心障礙者有關係？不如我報你別的生路吧！」雖然不一定堅持高科技生技，張英樹永遠記得蘭花關鍵技術開發的路上，前輩專家的好意與一盆冷水！但他不放棄地找到了同樣信仰的貴人——時就讀於台大園藝系的李永毅，技術與業務於是終能開始突破。

只可惜，絲毫不遜色的專業競爭力，當產品愈見口碑、成本也日益提高，客戶卻被市場不斷吞噬。張英樹語帶幾許感嘆：「現在建國花市的蘭花，大部分是從大陸運回來的。」

當台商把大量蘭花技術與品種都帶到大陸，最後又傾銷回台，「Baby Green勝利蘭花組織培養中心」終究不敵市場壓力，劃下句點。但八年多的經營卻也劃下了歷史刻痕，證明「沒有什麼做不到」。

就業創新6：勝利全家便利商店

台灣便利商店密度為全球之冠。不想只是販賣便利，張英樹心裡想的是：「讓身心障礙者的工作可以更社區化。」因為佈點密集的便利商店，將會是就業市場的最大通路。然而，卻非那種「十人團隊，有一位身心障礙者負責清潔或上貨的編制。」張英樹要的是一家完全由身心障礙團隊服務、營運負責的授權加盟店。

△全台第一家身心障礙團隊經營，業績成長驚人

「有精神障礙在商店裡服務客人？萬一他發病該怎麼辦？」「收銀員顏面受損？他會不會嚇到我的客人？」跳脫了業者的主觀邏輯，刻板印象畫面延伸而至的質疑接踵而來。「每週搭配不同的活動，太多品項、多種組合，他們怎麼能夠勝任？」接觸超商龍頭的四年間，屢屢感受到外界對於工作者能力的不信任。

面對一連串的質疑，張英樹坦承：「不能說一定不會，但絕對有一套溝通協調解決的方法。」在安全的支持系統裡，其實不會有傷人危險的發生，不過是媒體與社會的渲染誇大。

四年多來一直無法打通的關節，透過種種關係的聯

繫與不放棄，在與「全家便利商店」提案時竟然一次OK：比照所有加盟者身分、沒有任何優惠利多，「勝利」接手進駐台灣大學第二活動中心，推出全台第一家（甚至在日本也前所未見）由身心障礙團隊經營的便利商店。

學區店的瞬間超載，一直是服務業的最大考驗，「相信」與「信任」的信念卻足以驅使迎向挑戰。透過網絡徵才或職訓轉介，這群孩子們都是因著興趣或夢想來到這裡，挑戰著許多超商工作經驗者都無法適應的快速步調。

透過波段性人力遞補、相互支援與情緒輔導管理，「勝利」的孩子們竟然都適應了。營運首月就已達盈餘，三個月後，業績甚至不可思議地成長超過一百五十四％，打破接手前的直營店水準、一般成熟成長二十％的極限。甚至在營運一年之後，「台大第二學生活動中心店」每月仍較過去同期成長。

就業創新7：北歐布丁

在中秋以及逢年過節的愛心公益支持下，舉目可見政府高官與地方首長溫情喊話推銷，烘焙早已成為社福庇護工場廝殺的紅海。

△獨傳布丁秘方，開創公益藍海

為了挑戰突破，張英樹決定不做一般烘焙，引進挪威工法與配方（屏東「勝利」與挪威傳教士有淵源），只有牛奶、雞蛋、糖的純淨概念，推出震撼市場的北歐傳統家庭甜點——「焦糖烤布丁」。

不相信身心障礙者在工作上就一定不專業，要跟一般的市場競爭，「勝利」邀請到挪威師傅們遠道來台傳授秘方，不加一滴水，選擇成本貴一倍的台灣「長虹蛋」與牧場鮮乳，依照傳統奶蛋比例調製布丁液。捨棄吉利丁快速凝結，不求量產、一盤一盤細火烘烤，保留了食材的新鮮原味，烤出的布丁綿密不膩。

右圖：只有牛奶、雞蛋、糖的純淨，無添加、無人工合成物的北歐焦糖烤布丁。

左圖：捨棄吉利丁的快速凝結，低溫細火烘烤，保留了新鮮食材原味。

續以貫徹北歐的簡約、不花俏精神，布丁包裝也是簡單素樸，不製造多餘垃圾。走出原創與差異化，打造出產品自身的競爭力，「北歐先生」儼然成為網路訂購新寵，也展現了庇護工場在產品與概念上的新意。

△一變二、二變三，開展社會企業地圖

回望「勝利」的多樣事業體，呈現一張豐富的社會企業地圖。不仰賴企業資金捐款，卻積極擁抱企業合作機會，張英樹說，「就是要清楚讓企業主知道，我們要的是什麼？」由「勝利」搭建起身心障礙者與營利企業的就業平台：從know-how專業知識建構、進駐企業組織、到訓練團隊進用，多樣性職種勾勒出身心障礙就業的不同樣貌。

走出庇護工場的格局經營，大量運用「創新、專業、資訊、多元」的方法，前十年聚焦創新職種，從傳統工作中找到新方式；後十年將影響力模組化，挑戰傳統的產業結構。

上圖：全台第一家由身心受限者營運管理的便利商店。此為「全家勝利店」。
下圖：台北市政府 Enjoy Cafe。由不同的障別組合搭配，提供各項輕食、簡餐、咖啡。即便在高客流量的尖峰時段，仍能維持高品質服務。

身心障礙者的工作場景因而不斷變換，不變的是「勝利」聚焦於「人」的初念與行動。無畏投入不可測的深度，自體增生、不斷繁殖，張英樹將它一變二、二變三，開展出「社會企業」培育「社會企業」的風景。

「勝利」有著兩道光，一道是信仰，一道是方法。

有著對生命的理解、對身心障礙者的無窮信心，不預設立場、不先給答案，讓小鴨們倚著後端「母雞」的溫暖羽翼，自然不再固執地注視著己身的缺憾匱乏，終能發散出夢想希望。

註一：庇護工場，受庇護者的工作「場域」。經常被外界以「工廠」混淆。
註二：巴士底，法國巴黎十八世紀的政治監獄，文學家伏爾泰等曾拘禁於此。法國大革命時被人民攻破佔領，成為推翻專制王朝象徵。

【不一樣的做事態度】

張英樹認為，「只有當工作者不依賴購買者的愛心消費，身心障礙者才能正確看待自己的工作。」所以，「勝利加油站」不接受捐款，反能將部分收益捐贈「聯合勸募」身心發展基金，並時常販賣推薦各地小農產品，讓工作者分享價值創造。

《勝利》的挑戰×創新

⊙勇於挑戰的難題：

1.**未被服務的族群：**雖然已有諸多機構開始服務身心障礙者，發展出不錯的運作模式，但對於充滿思考、擁有夢想、卻無法步出家門的重度障礙者，如何能發揮出他們的工作潛能？

2.**弱勢潛能與工作價值：**社會對於弱勢工作者的能力認定，無意中就陷入了刻板印象、單一化標籤職種，甚至在公益購買的旗幟下，愛心訴求經常凌駕專業，落入庇護工場廝殺紅海，工作者價值亦被扭曲。

⊙創新的解決策略與經營模式：

1.就業市場創新：多元創新就業版圖

身心受限者由於生理或內在能量限制，較不利於投入大量生產的行業，「勝利」則開發創新職種、強化附加價值，既能展現自我獨特性、發揮優勢，也能與一般競爭市場區隔。工作者也能因為興趣多重輪調，不再侷限單一場域。

2.生產流程創新：以資訊技術進行工作再設計

透過大量資訊科技運用、職務與輔具再設計，無論是工作安排、SOP設計、工序切割，強化溝通系統、完整服務可能，工作者也能掌握關鍵核心。

3.人力資源創新：多重障別搭檔組合

將相同性質障別聚合在一起，工作者的學習不易發揮綜效，障別障礙反遭放大、造成限制。「勝利」依照個體興趣，運用多重障別搭檔，將劣勢轉為優勢，猶如一般職場團隊，彼此體諒、相互支援，填補彼此遺失的力量。

DATA 勝利潛能發展中心

成立時間：二〇〇〇年。

建構與開創弱勢就業網絡，走向具創造性的庇護工場與社會企業。

營運地點：大台北地區。

勝利資料鍵檔中心（電話：〇二-二三二五-八五六七）

勝利手工琉璃（電話：〇二-二八五八-五一五二）

勝利加油站（台北市建國南路二段七十五之一號）

北歐先生手工甜點專賣店（電話：〇二-二七六一-五九一〇）

全家便利商店—勝利店（台北市羅斯福路四段八十五號，台大第二學生活動中心）

全家便利商店—松醫店（台北市健康路一五八號）

全家便利商店—勝利史凱碧店（新北市汐止區福德二路八十一之一號）

Enjoy 台北餐廳（台北市市府路一號南區通廊）

Skypig Café（台北市政府東南景觀區，世貿三館對面）

V-Design視覺設計中心（電話：〇二-二七〇八-六四二四）

勝利數位設計印刷中心（電話：〇二-二七五四-〇五二六）

網址：

http://www.victory.org.tw

個案延伸討論　讓夢想發光的創新與挑戰

1. 你的夢想是什麼？

張英樹相信「沒有什麼是不能做的」，促使他不斷挑戰新職種的開發，搭建身心受限者的就業舞台。那呼喚你內心深處的使命又是什麼？如果還沒有，現在就開始想一想？

2. 對於所要投入解決的社會問題或服務對象，了解有多少？

「勝利」看見最未被服務到的重度身心障礙者，首先為其提供居家訓練、就業服務。不妨現在就收集相關情報，看看可以怎麼做？

3. 檢視自己的優勢和專長？

張英樹運用本身的資訊專業、各方專業工作者等，創造了庇護工場差異化的創新藍海。想想看，什麼可以讓助人的事業可以有好的開始？

喝杯生態回甘的阿薩姆紅茶

日月老茶廠

文・卓秀足

一個百年老茶廠的重生，
走出一條很不一樣的企業面貌。
「日月老茶廠」以有機栽種創造繁華盛景，
更以一場場環境教育生態導覽，
為守護台灣紅茶歷史、一方有機淨土努力著。
如此與眾不同的「日月老茶廠」，
經營能力也讓人刮目相看，
茶葉強調適地適量生產，
製程遵循古法，健康無添加，
不奉承消費者的低調行銷，
口碑傳千里，歷經三年就轉虧為盈。

關注領域

有機產銷、環境教育

整排三十年台灣光復時代就存在的龐大製茶設備陳列在略暗的紅茶廠房，一群約七、八十人的團體，有人邊就著板凳坐下，邊好奇地指著身旁老舊的機器上，當年製造商用鐵鑄成的名稱，並和身旁的人交頭接耳著，有人忙著用相機咔嚓咔嚓地朝那些有歷史感的機台攝取鏡頭。

在微微的吵雜聲中，穿著寬鬆棉衣麻褲，綁著彩色頭巾的解說員站在大家面前，告訴大家影片將要開始。忽然一片暗黑，只剩架在紙箱上的投影機投射在前方舊白牆的微弱光線，牆上現出黑白畫面，配合著徐緩音樂，時光隱然倒退六十年，述說「日月老茶廠」和當地紅茶相關的百年歷史，隨後出現更多的是地球生態環境變化的數據及圖片，以及茶廠如何從大自然中體悟出農作物成長、健康飲食，以及與萬物共生的生活態度，並因而重生。

長達二十多分鐘的影片，全場鴉雀無聲，影片結束時，看到好幾個人拭著淚，全場接受了一次生態的感動與洗禮。

△一包李子，主婦與茶廠的相遇

「日月老茶廠」位於南投縣魚池鄉，隸屬於台灣農林股份有限公司，成立於日治時代，已有百年歷史，它的發展和魚池紅茶的興衰歷史息息相關。已退休又被公司聘回擔任顧問的廠長吳森林回憶當年，早期茶廠有一段相當風光的歲月，在紅茶興盛時期，員工達二、三百人，但隨著紅茶產業的沒落，至二〇〇〇年代初期，員工縮編只剩五名，負責收租、收購紅茶與加工製茶等工作。

莊惠宜，是「日月老茶廠」轉型重要推手，清秀嬌小的外表，看不出來她實際上也是農林公司前董事長夫人，婚後生活過得單純優渥。一直到二〇〇二年初夏，莊惠宜接到一包李子，改變了她的生活，也改變了老茶廠的未來。

原來當時任職於「三峽茶廠」的吳森林，將連猴子也愛吃的自家有機李子，寄給耳聞對「有機」非常認同的當時的董事長夫人。那包有機李子給莊惠宜很深的印象，因為身為家庭主婦的她，為了顧及家人健康，一直是有機農產品的護持者，於是注意到先生公司裡有這麼一位主管。

廠長吳森林調至「魚池茶廠」後，也就是現在更名後的「日月老茶廠」，開始試種有機農產品。二〇〇三年初，公司在茶廠舉辦尾牙活動，莊惠宜和先生一起參加，這是她和老茶廠的第一次相遇。第一眼看見老茶廠的歷史感及建築的樸質，讓莊惠宜深深感動，再聽到老廠長介紹當地紅茶歷史及紅茶產業的沒落，更讓她覺得一定要保存、保留茶廠。

於是，老茶廠的新面貌即將由一位生活重心在台北的女性來打造了。

△追求無愧天地萬物的有機之道

老茶廠曾經是南投魚池鄉最大的茶園，從印度引進大葉種的阿薩姆紅茶，在日月潭一帶種植得相當成功，而且老茶廠的紅茶產量一直高居全台之冠，以外銷日本為主，小部分內銷。但在八〇年代後，因為紅茶外銷受阻、檳榔行情看俏等種種因素，茶農為了生計遂砍掉茶樹改種植檳榔。

原來滿山檳榔樹背後，有著魚池紅茶產業衰退的故事。

現在從台十四線中潭公路往日月潭方向，還是可以看到沿路山坡地種滿了檳榔樹，讓當地面臨了水土保持問題。再加上農民為了大量生產，採用各種可以提高產能的耕作方式，大量施用化肥，噴灑農藥、除草劑，造成農地鹽化、酸化。

莊惠宜思考著，如果不種檳榔，農民要如何維生？她腦海浮現的唯一答案是，種植阿薩姆紅茶，並以「有機農法」耕作。茶樹雖然並非是對水土保持最好的作物，但在充滿日月潭水氣的魚池鄉卻是依循「適地適種」理念的好選擇，尤其目前種植檳榔的農友大多是在茶園裡長大的，將來願意轉作熟悉的阿薩姆紅茶機率較大。

右圖：莊惠宜是推動「日月老茶廠」轉型的重要推手，讓百年老茶廠重生，並落實生態保育想法。

左圖：不整齊的茶園，未經過度整飾的老建築，隱含老茶廠背後的萬物生養的價值觀。

莊惠宜說服總公司保留老茶廠，支持轉作有機，並撥給三百萬元經費進行改建。為了推動老茶廠重生，並落實生態保育想法，莊惠宜以老茶廠召集人的身分，不支薪參與改建工作。九年下來，莊惠宜堅持依舊，一位台北的家庭主婦已經徹底成為生態教育與有機耕種推動者。

轉型
綠創新

以有機和歷史為名，轉型成為知性又感性的生態茶園

綠創新1：堅持有機共好

老茶廠轉型前的產品是以印度阿薩姆大葉種為基礎培育而成的台茶七號、八號茶種所製成的紅茶為主，栽種方式是採用慣行農法，追求高產量與高利潤，而且茶葉主要是以機器採摘為主，所以是將茶葉製作成碎型紅茶，品質較差且價格低廉，大多以斤計價。

△二〇〇七年，「日月老茶廠」為台灣第一家通過有機驗證的阿薩姆茶園。

只要有心就會有機，不計成本幫鄰家農園除草

為提升有機耕種技術，老茶廠一方面向政府研究單位——魚池茶業改良場詢求栽培方式的調整，另一方面也參與有機栽培課程的進修與取得有機認證。

從二〇〇三年開春，茶廠全面停灑農藥自製堆肥，採用老祖先解決土壤貧瘠的耕種智慧：休耕、間作、梯田、堆肥、種植綠肥作物、人工除草等，當年三月即成立有機茶苗試驗區。

二〇〇四年申請慈心有機驗證，十一月通過「有機農業轉型期」驗證，並補植夭折茶苗約七百株。二〇〇五年在魚池鄉鹿篙地區砍掉了二公頃的檳榔樹，改種有機紅茶。

努力三年多後，終於在二〇〇六年受邀成為台北市瑠公農業產銷基金會之「有機農業示範農場」，並在二〇〇七年通過慈心的有機認證，老茶廠成為台灣第一家通過有機驗證的阿薩姆茶園，也開始建立自己的有機農產品管理制度。

不過，徹底落實有機農耕的路並不容易，老茶廠雖然可以堅持不灑農藥、不用除草劑，但茶園附近其他農地怎麼辦呢？這些採用慣行耕作的農民，一向都用除草劑去除雜草，這樣視必會影響到老茶廠的茶園。

後來老茶廠想到了一個看起來雖笨卻務實的解決方法——「幫這些農民除草」，於是老茶廠和附近一些農民講好，請他們不要用除草劑也不必擔心雜草問題，茶廠員工除草時，會一起處理他們農園的雜草，如此一來，皆大歡喜。

綠創新2：老茶廠就是台灣紅茶史縮影

老茶廠的廠房本身其實就是最珍貴的資產，座落在小山丘上，周圍有達二・五公頃左右的紅茶園圍繞，環境優美，紅茶焙製設施亦從日治時代的極盛時期保留至今。

在莊惠宜的爭取之下，母公司撥款三百萬元作為廠房改建經費。在老茶廠改建過程中，莊惠宜心中清楚，具百年歷史廠房是台灣紅茶史的最佳見證，更是文化遺產，改建原則為盡量保留老廠房外觀原貌，不作多餘的裝飾。

因此，僅將老廠房稍作整修，整體設計保有舊廠區的建築主體結構，維持傳統風貌。內部空間則重新規劃，保留製作茶葉的空間，再將位於老茶廠二樓萎凋槽區的一半規劃為用餐區，並有提供體驗一日農的團體或義工過夜使用的通鋪。

於是，有著斑駁痕跡外觀的老茶廠，依然保有一整排半開式的藍色窗櫺，搭配著竹子扶疏與簡約風格的內部空間，自然散發一種歲月特有的美感。懷舊與復古的老廠房成為訪客來訪最為驚艷的景觀。

廠房的紅茶焙製機器設施，如萎凋槽、揉捻機等設備，皆有五十年以上歷史，除持續擔任製茶工作外，遊客可邊實地參觀廠房設備，邊聆聽紅茶製作過程講解，讓遊客在充滿歷史的氛圍中，實際體驗結合紅茶產業與文化的知性休閒。

綠創新3：不只是茶園，儼然成為環境教育農場

改採有機耕種是老茶廠重生的契機。不過，老茶廠的經營重點不再只是種茶、製茶，生態知性與園區導覽解說變成主要營業項目，參加導覽的團體遊客成為茶廠主要的服務對象。老茶廠的導覽課程有兩小時、半天、與一天的行程。

一團團的旅客在專人導覽解說中，參觀整個種茶、製茶的過程，學習茶葉鑑賞、茶藝知識、紅茶風情、歷史解說，同時也瞭解到紅茶與生態的關係。很多參訪者這才恍然大悟，原來山坡上隨風搖曳生姿的大波斯菊與魯冰花不只是觀賞用的，而是天然的綠肥。

兩小時的導覽行程，沒有商業色彩，而是著重讓遊客體察草生栽培的必要性，解說內容只強調人與土壤和諧共存的土地倫理，以及自然生態平衡、天地時序運轉的智慧，以此引導出生命價值、環境健康、社會責任、善待自然，以及簡約的生活觀。

老茶廠提供半日行程團體的中午用餐，餐飲是全植物性。除了無肉、蛋、奶外，也盡量採用當地且吻合節令的食材，於是菜單有阿薩姆紅茶飯、桑葚醬佐生菜、鐵板香椿腐皮捲、百菇燴、義式涼拌綠竹筍、清燙茭白筍與豆奶雙色茶凍，都是季節性無農藥或安全栽培的低運送里程蔬果。每道鮮美食材背後都有小故事，用餐前會先和遊客分享，這也是導覽體驗課程的一部分。

莊惠宜希望一方面參訪者能得到生態教育與心靈的啟迪，再方面也能讓其他茶農看到有機耕種的希望，願意改種有機茶。

於是茶園不再只是茶園，它變成環境教育農場，成為推廣養地、護生、惜福、誠信、環保及有機理念的最佳落實基地。

綠創新4：夥伴的認同參與是轉型關鍵

員工心態的改變最能反映老茶廠的改變，受訪的員

右上：「日月老茶廠」隸屬於台灣農林股份有限公司。
右下：老茶廠的乾淨廁所，建議遊客換穿拖鞋進入，除了尊重並疼惜維護清潔的夥伴，也珍惜了大量刷洗用的水資源。
左圖：日治時代的焙茶機具，皆有五十年以上歷史。

工提到當年轉型從事有機農耕，除了廠長認同有機理念外，其他員工聽到要種有機，還要改變經營路線、改造廠房，都忍不住懷疑。但是，透過有機生態的工作體驗中，員工逐漸接受老茶廠的轉型方向與環保社會理念。

轉型過程中，借重老茶廠員工的參與，成為日月老茶廠成功重生的關鍵。就像吳森林老廠長是老茶廠的一本活字典，他累積幾十年種種茶、製茶經驗，有豐富的茶葉相關知識，以及熟知阿薩姆的歷史、文化與背景，再加上有趣生動的表達方式，讓他成為導覽過程中解說茶葉栽種製作的最佳講師人選，常被遊客尊稱為茶博士。

有機農耕這部分的解說，則由莊惠宜與另一位成員曾思璇負責，他們都曾參加過慈心的有機課程或活動，有清楚的社會理念與良好的理念傳達力，是導覽解說的重要人員。

一位員工提到，在老茶廠工作，最有機會去接觸及食用這些有機農產品，自己受益是最大的。另外一

到「日月老茶廠」可以一邊參觀廠房設備、一邊聆聽紅茶製作過程講解，並多逗留一些時間享用有機蔬食，在充滿歷史的氛圍中體驗結合紅茶產業與文化的知性休閒之旅。

位員工則分享：「在這樣的環境、空間，還有這裡面所蘊涵的文化價值，它絕對值得延續百年，不知道我們可以做到多少，只想一直這樣努力下去。」

老茶廠有機理念訴求目的，不只是尋回日月潭的紅茶，而是要讓更多人瞭解愛護土地與生活環境的重要，因此，老茶廠員工早已凝聚社會傳教士的共識，要將生態理念對自然、社會、人與所有生命共好的益處傳達出去。

堅持綠革命

從產品、包裝、行銷，處處都讓消費者有綠驚喜！

產品綠革命1：堅持產品就是生態教育的最佳教材

以前是以總公司名稱「農林紅茶」統稱產品，現在為了灌注老茶廠深具紅茶歷史精神，遂將原來的「魚池茶廠」名稱，更名為「日月老茶廠」，並作為品牌名稱，凸顯老茶廠的歷史氛圍。

老茶廠的茶葉大都是自產自製自銷，一罐罐金色及銀色的茶罐上，清楚地標明特色與等級，如有機級、轉型期、一心二葉手採。其中台茶十八號，又名紅玉，是魚池當地的茶葉改良場所培育出來的新品種，由緬甸大葉種與台灣野生山茶雜交育成，茶湯明亮艷紅，具天然肉桂及淡淡的薄荷香，成為魚池地區特有的紅茶，而老茶廠所生產的有機紅玉更是當地少有的。

不過，莊惠宜更希望消費者能感受產品本身由內而外散發出對生態環境的關注與重視。

△堅持①：製程遵循古法，健康無添加

老茶廠的紅茶在種植與製作過程都像以前農民般按照遵循大自然運行的方式。首先，種植過程採自然農法或有機栽種，實踐的第一步就是把老茶樹砍掉，再種新的茶苗，因為老茶樹過去曾使用過農

藥，土壤變得不好，必須深耕挖掉；之後在種植新茶苗過程中完全不使用農藥，也不使用化學肥料，更不施灑殺蟲劑與除草劑，因為喝茶最怕農藥殘留，長期飲用就如同慢性中毒般可怕。

其次，在紅茶製程上更是按步就班來，強調手工採摘，以人工採摘一心二葉或一心三葉的新鮮茶葉，歷經十二至十八個小時萎凋，減少生葉含水量、濃縮細胞汁，促進生葉成分的變化，並軟化葉片適合揉捻；揉捻需要二至三小時，目的在使葉汁凝聚表面，促其開始發酵，再將葉片揉成條索狀；接著，再將條索狀茶葉進行解塊、打散，幫助散發茶中溫度；之後進入發酵室，促進生葉產生鮮豔水色，激發濃烈的果香，提煉甘醇茶滋味。以上步驟都完成後，就要保持乾燥，目的在於停止發酵以保持品質，同時蒸發水分適於貯藏。最後，就是精製，實施篩分、拔莖、風選等整型分級工作，並鑑定品質。

老茶廠為了提高茶葉的品質，不但雇用當地採茶阿

MORE

沏一壺好茶，慢活愜意喝！

要如何沏一壺好茶，在此分享沖泡要訣。

●基本紅茶沖泡法：請先溫壺溫杯，然後在壺中置入適量茶葉，隨後注入沸水，靜置一些時間。三公克茶（約一茶匙）需要三百公克的水，泡茶時間約四十秒至二分鐘，可依品茶喜好自行調整。沖泡完成時，以長匙於壺中攪拌一圈，使葉湯濃度均勻，在透過濾茶杓將沖好的紅茶緩緩倒入杯中。

●袋茶沖泡法：在壺或杯內先注入適量沸水，一茶袋（約二至二・五公克茶）需二百公克的水。將放入茶袋，加蓋悶一至二分鐘。時間到，捏住標籤，讓茶袋在壺中搖晃一下，使茶湯均勻，再取出茶袋。如果沒有取出茶袋或用湯匙擠壓茶袋，易出現澀味。

（資料來源：日月老茶廠官方網頁）

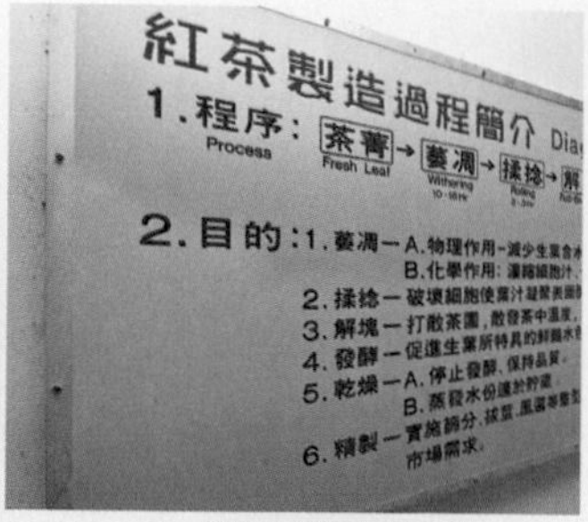

明亮茶湯是茶農踏實遵循老祖先智慧的心意，不論是栽種茶苗、茶葉採摘、萎凋、揉捻、發酵等都處處用心。

桑手採，之後在製程上更是老老實實遵循古法，以充足的時間與工序來回應有機茶菁，所製作的茶葉含有芽葉，更帶有芬芳花香，而包裝部分亦採用人工分裝，去除茶枝，以維護產品品質，並且全然無人工香料、色素、甘味劑……等化學添加物的有機商品，在保有甘甜茶香的同時，也確保了消費者的健康與權益。

△堅持②：茶罐簡約樸素，歡迎消費者再利用

為了讓產品本身也能傳遞社會理念的任務，包裝上，在兼顧防潮的需求下力求簡約樸素，盡量落實環保精神，所以莊惠宜當時找茶罐就費了許多功夫。

目前找到的白色、黑色、棗紅色與金色等素色鐵罐，就是沒有多餘的裝飾，除了採密封罐設計，更希望在茶葉用完後，茶罐也能因受消費者喜愛而再自行發想出其他用途，罐上唯一一張簡單的標籤用環保材質及最不會造成污染的大豆油墨印製。

老茶廠的包裝部分，採用人工分裝去除茶枝，以維護產品品質，並且無人工香料、色素、甘味劑等化學添加物。

△堅持③：無漂白提袋，說服當地紙廠研發

老茶廠在無法避免不使用提袋的情況下，仍堅持整個製造過程皆以不造成身體負擔、可重複使用或回歸大地為原則，所以在提袋用紙與印刷油墨上，莊惠宜做了很多努力。

莊惠宜詢問了當地多家的印刷廠，採用的都是一般的油墨印製，她不想妥協，也不想直接使用國外產品，寧可提袋製作延宕。經過一番堅持與溝通之後，她費心說服埔里在地的一家紙廠共同嘗試多次，終於成功使用無漂白的麻漿紙製作出以大豆水性墨水印製提袋。素樸的提袋上只簡簡單單印著「日月老茶廠」五個字。

值得一提的，老茶廠的茶包袋也採用無漂白原紙漿製成，色澤呈現米黃，並以棉線裝訂，因此在販賣過程中還要不時地向消費者解釋米黃色不是受潮的緣故。

△

堅持④：「貓貓紙箱」，傳遞惜物消費理念

莊惠宜自豪地說，老茶廠到現在沒有印過宅配用的紙箱，都是採用資源回收的紙箱再行裁切，她笑說很多客人說老茶廠寄出來的東西都「貓貓」（台語）。因為，老茶廠想乘機做生態教育，因此在紙箱內放一張紙條，告知台灣的紙箱回收率、每年回收幾噸，以及不用新紙箱可以少砍多少樹等數據。

這些落實資源回收再使用的作法，都是要讓消費者在消費產品時也接收到老茶廠傳遞「愛物惜物」的觀念，建立珍惜資源的消費觀。

行銷綠革命2：越低調名聲卻越大

有趣的是一般企業都希望遊客越多越好，老茶廠卻反其道而行。當時設販賣部賣茶葉及茶包，是為了讓老茶廠可以有自給的能力，但莊惠宜認為遊客來老茶廠不一定要買商品，所以婉拒只是來買茶葉的純商業顧客團體。

MORE

貓貓紙箱的心意

「日月老茶廠」出貨給消費者的紙箱上的那張紙條寫著：「我們採用醜醜的回收紙箱，這是因為：每回收一公噸（約五千份報紙），可挽救二十棵二十年樹齡的大樹，比原木紙漿造紙減少七十五％製紙能源，節省了三立方公尺的垃圾掩埋空間。減少十四至二十二．六％的垃圾量，減少五十％的製紙用水，減少七十五％的空氣污染。目前台灣的廢紙回收率約五十五％，每年已可減少砍四千萬棵大樹，換成清新空氣送給您。」

也向消費者宣告：「感激好朋友們這些年的支持與鼓勵，自二〇〇七年十一月起老茶廠終於可以實現助人的夢想，決定將每月盈餘的五十％用於我們認同的人事物上，謝謝大家間接參與了所有真善美的循環！」

為了維護茶園有機生態環境，以及能達到傳遞愛惜地球資源及生態的理念，老茶廠目前限制遊客人數，除了自行參觀的散客外，團體旅客只接受預約導覽，以保留有限的時間、空間與體力，盡心為每場想擁有深度旅遊或願意瞭解他們在推動什麼理念的訪客們導覽。

莊惠宜無奈地提到前些年和遊覽車司機的不愉快經驗。因為遊覽車司機自行將載著整團遊客前來，停留半小時匆匆買茶及上廁所，這對很多觀光工廠及參觀景點來說是求之不得的事，但是莊惠宜卻不希望人們在難得出遊的旅程中只想購物、上廁所，而是能夠用一點時間體驗自然之美，接受生態教育的洗禮。

老茶廠重視消費者的省思與新觀念的學習，因為莊惠宜認為：「當人們的想法改了，行為就會跟著變，而這就是『環境教育』的功能。」

傳統的商業行銷運作模式，在老茶廠身上看不到，甚至可以說，他們是排拒純商業行銷的。

△逆向行銷作法①：沒有ＤＭ，不願製造污染與浪費

莊惠宜表示，老茶廠直至目前從未印過ＤＭ，當遊客問起有無ＤＭ可帶回去給家人看時，她常會直接跟他們溝通，因為真的不願在停車場就撿到老茶廠印的紙張，而且印刷通常很污染也浪費紙，況且所有產品在老茶廠門市或網頁都看得到，不需再印看過即扔的ＤＭ了。

△逆向行銷作法②：拒絕成為五星級飯店的套裝行程

曾有日月潭的知名五星級飯店提合作案，希望老茶廠能配合該飯店的旅遊套裝行程，針對客房貴賓進行專屬導覽，這對一般旅遊業者而言是求之不得的機會，但莊惠宜拒絕了，寧可將時間安排給大型團體，因為導覽解說可以讓更多人瞭解維護大地綿延不絕的活力，這對觀照土地本質而運作的農業是極其重要的。

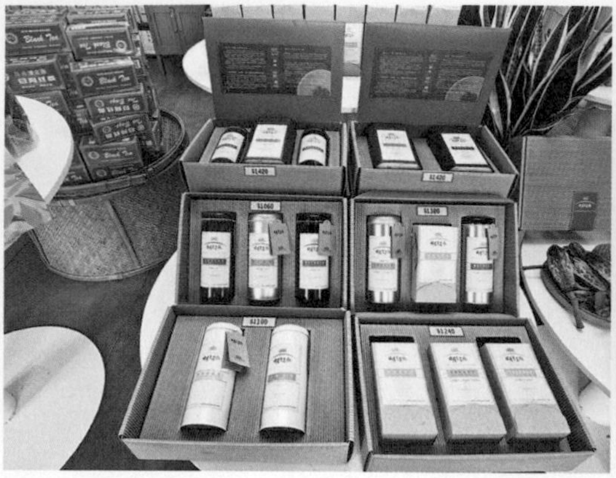

老茶廠的茶葉包裝樸質，由內而外皆堅持落實愛物惜物的理念；並且以自產自銷為主，種類與品項多樣化，有紅茶，也有烏龍茶、綠茶。

△逆向行銷作法③：婉拒商業媒體訪問

莊惠宜極少接受商業媒體的訪問，她的想法是：重要的是推動無任何化學藥物的自然農法，而不是誰在做？她不希望老茶廠被商品化、被消費，對平面或電子媒體都是採取保持距離的態度。所以，往往商業雜誌或媒體報導了，老茶廠他們自己卻不知道。

△逆向行銷作法④：不過度曝光的行銷

老茶廠不同於其他觀光工廠的想法與作法，將時間與精力用來和旅行社、媒體互動。莊惠宜想到可以請志工協助架設網站與大眾的溝通，自己寫文案、拍照片，也希望能盡速有年輕人可以接續口述導覽部分，讓她有時間與體力來記錄農場日誌，例如每區有機茶苗的種植過程，使大家更清楚老茶廠的理念。但也因上網容易搜尋，莊惠宜認為老茶廠目前已經過度曝光了。

消費者綠革命3：感動體驗，口碑傳千里

為什麼不讓老茶廠努力的成果讓更多人知道？老茶廠的名聲又是怎麼建立起來的呢？

莊惠宜認為，老茶廠的努力成果是客人的口耳相傳流傳開來的。她覺得這樣很好，因為平心而論，經介紹而來的客人較不同於一般遊客。例如一位認同老茶廠理念及環境的客人，跟親友推薦時，言語間對老茶廠有一份尊重，這份態度會讓其他人抱持認同與尊重的心前來，老茶廠所傳述的愛護地球、師法自然、尊重生命的想法就很容易進入顧客心中，也更能認同老茶廠所傳遞與實踐的思維及精神。

她也提到轉型初期，大家還不認識老茶廠，所以最早是北部的朋友們發現她有很長時間消失在台北，只聽說到日月潭以草生栽培種阿薩姆紅茶，就貼心地在企業裡的員工旅遊中安排參觀老茶廠，除了順道探訪敘舊之外，也透過解說與親自接觸體驗生態與茶園。事後有員工將照片及受感動的心情寫在部落格或網頁，有些人則是帶家人朋友再度造訪，於是老茶廠的口碑逐漸傳開。

▵不奉承顧客，反而贏得消費者尊重

在服務業強調顧客至上，消費者永遠是對的圭臬下，老茶廠對顧客的要求與配合事項顯得特別不同。

在訪客預約單上有落實生態教育的規定，例如：「請愛護花草、各種小生命和設施」、「使用廁所敬請換穿拖鞋」、「禁止入園野炊、外食及打牌」、「勿噴香水，讓別人有機會聞聞茶香」、「用餐煩請自備碗公、筷子、湯匙等餐具」、「禁用免洗筷、保麗龍碗等一次性消耗產品」。

也有對基本禮儀的要求，例如：「敬請準時參加導覽課程，逾時不候」、「敬請提早預約，恕無法臨時接待」（建議一個月前）；甚至，人力精簡也成為顧客必須接受的現實，因為他們早就在網路的預約單上明白列出：「老茶廠人力精簡，敬請耐心留下資訊！」的字句。

莊惠宜提到和顧客間的關係是彼此尊重、誠懇地待之以禮，盡心觀照顧客所需，讓彼此喜悅、圓滿，而不是一味遷就顧客。

這樣不奉承顧客的服務態度，反而贏得消費者的敬重與配合，無形中老茶廠也在進行一場「教育消費者」的課程。

經營綠革命4：不以利潤出發

從轉型至今不到十年的時間，老茶廠徹底改頭換面，由傳統製茶工廠轉型成休閒服務導向，以「有機休閒生態教育」重新定位，成為兼具紅茶生產、有機農業及飲食教育等生態環境教育推廣理念的農場。

△茶廠功能多元化，致力開源和節流

員工由當年的五人增加至十一人，老茶廠也由需要母公司資源挹注的狀態，三年多後就能夠自給自足，值得自豪的是他們在二〇〇七年十一月開始有了盈餘，更將每月盈餘五十%用於公益，協助老茶廠認同的人事物。例如，提供老茶廠販賣部讓農民寄賣有機產品，協助其銷售；計畫結合社會資源教導原住民，將農產品直接在部落製作成品，並幫助推廣銷售。

老茶廠之所可以順利地成功營運，秘訣即是確實做到開源與節流。在開源的策略上，套用吳廠長的話，稱這是「產銷一元化」的作用，就是在茶廠內設立賣場，將一樓原來的會議室改為產品展售與賣場，並將原來的辦公室設成解說教室，靠著口碑吸引來的團體遊客，讓老茶廠大部分的產品得以自產自銷，創造營業收入。節流的策略上，本著愛物惜物的資源回收與再使用精神，讓老茶廠在無形之中也節省了不少費用支出，此外員工人數一直控制在十位以內，必要時則聘請當地人協助採茶、製茶、茶園管理等工作。

△老茶廠重生的故事，走出完全不同的企業面貌

「在高溫高濕、耕作面積小、鄰田污染機率大的台灣，一座有機農場能存活下來得克服很多障礙與得到許多人的護持鼓勵。這些美好的經歷，真不知該如何說出內在深層的感動與感激。一如導覽影片最後一幕呈現在斑駁老白牆上的文字……。感謝一切一切的……『存在』。」這是莊惠宜的感性告白。

經濟價值一直是企業的核心價值，企業透過提升銷售量、增加利潤、開發新市場、與產品擴張等方式提高獲利。但是，老茶廠不以利潤掛帥，堅持推動關懷環境健康與生命意義教育價值，並實踐對天、地、生命、萬物最圓滿的愛，卻能發揮社會影響能力。

老茶廠經由清楚的社會理念與良好的理念傳達力，

「日月老茶廠」結合茶園體驗、生態教育，以及紅茶歷史的導覽行程，讓老茶廠不只是茶園，儼然成為環境教育農場，推廣養地、護生、惜福、誠信、環保及有機理念。

將生態教育信念化成具體實踐行動，清楚傳遞尊重自然生態與萬物的生命觀、珍惜資源的消費觀，成為「介紹生態、愛物惜物」的最佳範例。

一個老茶廠重生的故事，也走出了完全不同企業面貌的可能。

後記：本文初稿完成不久，從莊惠宜來信得知吳森林老廠長因病辭世，回想多次與他的相遇，中氣十足說道：「人養地，地養人！」腦海中的身影已和老茶廠隱然相疊。

【不一樣的做事態度】

「在這樣的環境、空間，還有這裡面所蘊涵的文化價值，它絕對值得延續百年，不知道我們可以做到多少，只想一直這樣努力下去。」來自日月老茶廠員工的真情告白。

《日月老茶廠》的挑戰×創新

⊙勇於挑戰的難題：

1.歷史資產廢棄凋零：成立於日治時代，曾有兩、三百名員工盛況的老茶廠，在產業更迭、茶園漸荒廢之際，建築幾近廢棄、製茶達人逐漸凋零，文化資產就此閒置破壞。

2.土地資源被過度使用：台灣在經濟掛帥思維下，長期以大片土地開發、大量化學肥料農藥、大規模採收加工，獲取高額短期利益，自然資源卻受到傷害，生命意義與生態反受「經濟」壓迫。

⊙創新的解決策略與經營模式：

1.營運模式創新：傳產綠創新，生態導覽新體驗

以環保和資源循環利用為原則，保留原始廠房，從單純製茶廠改建為兼具紅茶生產、有機農業及生態教育推廣的園地。透過茶園巡禮、紀實影片、百年建築參觀、紅茶製作與品味、樂活蔬食午餐等，讓民眾重新體驗自然的美好，引發省思生態的重要。

2.生產與產品創新：全台第一家有機驗證茶園

回歸「適地適種」，運用當地原有作物——阿薩姆紅茶，找回尊重土地、生態均衡的自然農法。老茶廠通過慈心認證，為台灣第一家有機驗證的阿薩姆茶園，並遵從古法製作、無化學添加，確保品質、創造出最大生命價值總量，而非經濟產值。

3.行銷創新：逆向低調，產品就是理念行銷

原來商業不再只是盼望賣得更多、賺得更多，適量消費的好產品，從栽種、製作、包裝、販售，都能改變社會認知；不奉承、不推銷，贏得客戶尊重，理念更能口碑行銷、分享傳播。

DATA

日月老茶廠

成立時間：
二〇〇四年轉型重建。

產品內容：
有機茶系列產品、天然農產品、生態導覽、蔬食樂活自助餐，每月盈餘五十％用於認同的人事物，協助小農從事有機種植。

社會目標：
透過老茶廠與茶園生態重建，傳遞尊重生態與自然共生與萬物的生命觀，建立珍惜資源的消費觀。

地址：
南投縣魚池鄉中明村有水巷三十八號

網址：
http://www.assamfarm.com.tw

哪裡買得到：
里仁商店、主婦聯盟、柑仔店、東海書苑等。

個案延伸討論　讓夢想發光的創新與挑戰

1. 你的夢想是什麼？

莊惠宜有感於文化資產的凋零、紅茶產業的沒落，促使她推動「日月老茶廠」重生，那呼喚你內心深處的使命又是什麼？如果還沒有，現在就開始想一想？

2. 對於所要投入解決的社會問題或服務對象，了解有多少？

莊惠宜基於對生態的關懷與堅持，催生了台灣第一個有機驗證的阿薩姆茶園。不妨現在就廣為收集相關情報，看看可以怎麼做？

3. 檢視自己的優勢和專長？所有可接觸的人脈和財源等相關資源有哪些？

莊惠宜從一位重視「生態共好」的家庭主婦、董事長夫人，成為茶廠重生的召集人，並連結起與友善小農的關係。想想看，什麼可以讓助人的事業可以有好的開始？

打造產地到餐桌的食趣與食育

上下游新聞市集

文・梁瓊丹

二〇一一年九月，台灣出現了第一個
以「食物與土地」為主題的專業網站：
「上下游新聞市集」，
從閱讀到購買，形塑起消費者對食物的主張，
讓飲食對個人產生意義。
開站短短一年，匯集超過六十萬人次的讀者，
更發揮了勁道十足的影響力：
喚醒多面向的食物安全意識、阻止財團搶水危機、
為有機小農疏解庫存米壓力……。
到「上下游」品食物與讀文章，
總是能帶來全新的身心洗禮，同時滋養了你我脾胃。

關注領域

農業問題、食物運動

滑鼠點擊兩下，為餐桌開啟新風景：購買素樸的真食物，溫暖脾胃；閱讀來自產地與環境的消息，回溯飲食生產的「上下游」，找到善待土地與自己最好的方式。不知不覺，改變餐桌上的組合，價值取代價格，土地風景的溫柔革命已悄悄地展開！

二〇一一年九月，出現了台灣第一個以「食物與土地」為主題的專業網站——「上下游News & Market 新聞市集」，從閱讀到購買，形塑起購買者對食物的主張，讓飲食對個人產生意義。

「上下游」網站裡豐富的國內外農業、環境、生態、飲食、旅遊觀點，猶如一本開啟豐美視野的雜誌，開站一年匯聚了超過六十萬人次的讀者與消費者，劃出一道道「從產地到餐桌」的真實風景。

△上山接紅肉李，用行動為農友尋找出路

時間倒轉至二〇一一年五月，走進飽受莫拉克颱風肆虐的高雄桃源區：風災過去的兩年後，這個接近玉山國家公園入口的梅山部落，熟透的紅肉李灑落一地。聽聞颱風又要來襲，布農族婦女急切地找來了鄰鄉親友，趕在群猴搶食之前打竿採收。

部落聯外道路在災後嚴重損毀，遙遙無期的農路修復進度阻斷了作物運出，唯一能指望的農會收購又跳票，狡猾的中盤商們看準了農友無從選擇，開出了「一斤六元」的流血價格。部落交通狀況不穩、農業基礎設施匱乏，「收也不是，不收也不是。」想到產季開盤後，紅肉李價格只會每況愈下，穿著雨靴的農友，眉頭更加深鎖。（註一）

將鏡頭目光轉向通往鄉間要道的另一角：一台四輪傳動車打著先鋒，越過崩塌的荖濃溪，正行駛這在大小礫石遍佈、飛沙走石、邊坡裸露的削山便道。「我們來接紅肉李下山！」幾個女生，就這樣繞過崖邊深林，進入這片高海拔、年產量萬噸的自然紅肉李園區。

「今年氣溫低、雨量少，爽脆的果實剛好很適合做

成蜜餞果乾。」一一確認著紅肉李的熟度與採摘情況，她們正嘗試著以紅肉李作為主題，進行產品開發，用行動為友善農作尋找出路，而這群女生，就是「上下游」的共同創辦人。

專業力

「小地方」、「溪底遙」等做足暖身，「上下游」專業平台再發光

專業力1：深耕「小地方」等網站，累積深厚專業新聞能量

網站創辦人之一的馮小非，畢業自東海大學社會學研究所，曾擔任《台灣日報》家庭婦女版主編。一個身上漫流社會運動DNA的台北都會女生，從九二一地震後開始深入南投中寮，辦過《中寮鄉親報》、與社區工作者廖學堂創辦「溪底遙學習農園」，協助災民生產柳丁、帝王柑等有機友善農作與產品。網路媒體「小地方社區新聞網」、「莫拉克新聞網」，更有她的打造與參與，以及和公民記者們提供第一手來自農村與災區的情報。

「小地方社區新聞網」從二〇〇四年起，經營了六年，雖然是受新聞局地方新聞處委託，但網站內容翔實深入且積極自主，累積了五千五百多篇報導與超過一百二十七萬的讀者，大量報導了都市化過程下，農村面對的衝擊與社區產業的變化，也挖掘出許多在地用心的故事，儼然成為社區工作者的凝聚基地。然而，由於政府組織再造，「小地方社區新聞網」在二〇一〇年歲末熄燈劃下句點。

如何讓關注友善土地的食物與生活方式的理想能夠永續，甚至可以自給自足地經營，馮小非確定了走向社會企業的嘗試。

專業力2：在「溪底遙」練就農產品開發、製作、銷售的功力

面對全球農業工業化、農地都市化的吞噬，「報導

公民記者平台「小地方社區新聞網」、「莫拉克新聞網」，都有馮小非在幕後的打造與參與。（畫面分別擷取自網站首頁。）

完之後，可以怎麼行動？」馮小非認為對農業最基本的行動就是：購買、吃掉，或是參與種植，但背後還有更大的農業結構問題，需要被挑戰。

過去「小地方社區新聞網」受限於受託的新聞媒介定位，無法再有其他功能的賦予；而「溪底遙」的友善無毒栽種理念，成功說服農友付諸行動改變、落實社區學園，擺脫柳丁一粒一元的賤價惡夢，甚至無毒柳丁醋與桂圓薑湯的長銷好評，見證了消費者參與整體農業環境改變的可能。

馮小非回憶那幾年「很拚」，拿筆的人要學種柳丁，真是自討苦吃，而發現光賣柳丁的獲利空間很低，只好又卯足了勁從頭學習農產品的開發、製作、銷售。自認為數學不好的馮小非，這時更要懂得錙銖必較，很務實地拿捏產品開發的收入與支出。

人的潛力果然是無窮的，原是農業門外漢的馮小非已步入達人等級。對於人們好奇為什麼不從「溪底遙」擴展，馮小非感性地說：「溪底遙」是永遠屬

「上下游」至產地拜訪小農。右為「上下游」共同創辦人的馮小非。

於中寮這個小地方的，歷經災難考驗，應該有一個夢想留給中寮。

專業力3：邀集跨界專業人才，打造新聞與市集

有鑑於台灣資源與訊息壟斷且分配不均、農業產銷失衡，欠缺生產者與消費者溝通平台，馮小非集合了前誠品《好讀》主編莊慧仙、「日月老茶廠」的莊惠宜等五位在媒體、生產、農作、網路、工藝設計上各擅其場的好朋友，端出「上下游」這份誠意滿載的跨界料理，為生活的各個環節注入「食趣」與「食育」。

「上下游」主要由新聞與市集兩個主體組成，代表著「上下游」對農業領域的關注模式，其實也是影響農業蓬勃發展的關鍵：提供足夠訊息建立認知，建置完整管道參與購買與行動。

主軸之一的線上市集，作為綠色理念農友、生產者

的銷售平台，精選推薦如十大經典米、純山茶花籽油、自然米果點心、有機無毒果醬等健康食材，也銷售自有開發產品。

主軸之二的新聞平台，則關注糧食自主、食品安全、農村文化、地產美食與綠生活。儘管新聞中廣泛性地報導所有產銷新聞、任何值得推廣的小農產品，唯不見其自有開發系列。「這個意義是來自我們對新聞的尊重。」馮小非說道。

為了強化生產、銷售與行動的互動，二〇一二年更建置了行動參與介面——「訊息佈告欄」，連結農產、農事與農購，無論是蘿蔔收成通知等大小事、農民市集、遊行發起、社會運動參與，藉此建立起群體討論與行動。

因著閱讀、購買、行動交織起的網路基礎，農業領域的參與變得多元而蓬勃，也構築起農業生產、生態與生活的深度連結，好似為環境的改造帶來曙光。

MORE

「上下游」紙上遊！

讀專業、尋感動，流瀉出滿滿的土地智慧與繾綣情意。現在，就來探索這個極具人文內涵、自然清新的「上下游」網站。

吃好吃專欄

從外國佬最愛的泰式BBQ海鮮、香氣逼人的豆渣餅、拜拜雞肉大變身、到客家小炒DIY、濃情地瓜湯、普羅旺斯燉菜，以圖文分享健康、自然、美味的在地食材和食譜，讓美食輕鬆上桌。

去旅遊專欄

走過台灣小鎮、農村、部落，漫遊到威爾斯、克羅埃西亞、澳洲，旅行中的體驗盡是有圖有真相，包含：人物風土、各地食物態度、在地生產者／生產基地的故事，來趟不同的主題之旅吧！

種好田專欄

農人、生產者的農事經驗分享。包括：超爆笑的「鴨間稻，雞間梨？」、貢寮水梯田的生態經驗、花蓮自製有機堆肥的「循環性農業」有機農場，印度泰國「種籽保衛戰」。專欄內容充滿對農業政策的期許，也有新農人的自信。

專業力4：堅持獨立報導，不接受廣告、拒絕置入性行銷

不同於一般網站收益仰賴廣告，「上下游」在營收設計上創造出與過往截然不同意義的「共同辦報人」：以一年三百元（註二）的閱讀訂閱付費機制，邀請願意付費購買內容的讀者（雖不須付費，也可閱讀），支持寫作「友善土地的新聞」。

馮小非坦言，付費機制的象徵意義更重於實質獲利，尤其在現今媒體環境下，大家已經非常習慣不付費閱讀；但是讀者不付費，其實就是置入性行銷業主在付費。所以，唯有不接受廣告、拒絕任何置入性行銷，才得以鬆綁過往的業主需求與廣告牽制，不受商業干擾的訊息，深度性的議題、獨立專精的報導，才有機會得以上刊、出版。

因而「上下游」堅持獨立報導，確保商品與新聞的清楚分際，不接受「業配」，也不置入行銷自我商品，建立起分享與信任的基礎。

MORE

舉辦農人寫作坊、到社大為消費者開課

「上下游」網站線上資訊熱鬧，線下的實體活動也是行動十足、精采滾滾。

農人寫作培力工作坊

針對友善種植的農友、農家二代開班的寫作培力計畫。透過文字、繪圖、照片、錄音影等不同媒材，鼓勵農友進行土地記錄、務農創作等的後製與發表。還有地區種子教師陪伴農友，提供問題解決與回報機制。

社區大學開課

「友善農業，綠色消費」，針對普羅大眾開設的生活課程，教你怎麼買蔬果、泡好茶，也教你選對當季當令的友善環境好食材，聽聽在地健康好物的故事，同時建立對台灣農業、友善耕作農法的理解與認識。

獨立媒體學院

有鑑於當前媒體生態，報導不再忠於真相，記者落入體制綁架、難以累積專業。「獨立媒體學院」邀集資深媒體工作者與學者，傳授多年採訪經驗，讓獨立記者用一支筆、一台攝影機，也能成為舉起地球的槓桿與支點。

「上下游」報導促動網友將行動化成實際訂單，疏解小農因通路違約之庫存囤積壓力。
照片中為宜蘭行健有機合作社推手張美，面對稻穀囤積，她滿是愁容。

「十大經典好米」得主的新竹稻農莊正燈，米飯與地瓜都好吃得令人魂牽夢縈，土地竟被徵收為竹科三期用地。

馮小非強調，當前的生態雖然無法在短時間被推倒，仍希望透過「共同辦報人」的機制去提醒，「閱讀，其實是有代價的。」即便「共同辦報人」的收入並不足以支撐十分之一的營運成本，但是讀者願意「共同分攤」，卻是對「上下游」深入追蹤報導的最實質肯定。

影響力

主動出擊的專業報導，發揮震撼性影響力

影響力事件1：號召買米為小農紓困，短時間銷售一空

時任「上下游」網站主編的蔣慧仙觀察到，食物與農業議題在主流媒體沒有固定的版面，往往在食品安全爭議出現，才猛然瞥見冰山一角、或僅止於社論片段，無法瞭解脈絡全貌。若透過報導的穿針引線，瞭解餐桌上的食物從何而來，真實感受味覺經

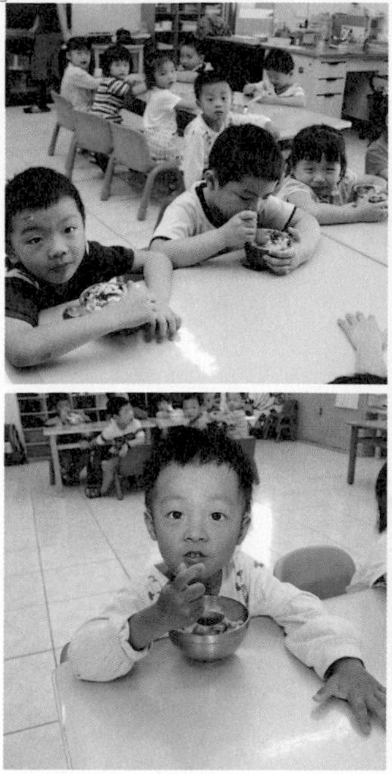

右圖：雲林古坑桂林國小學童參與農事、廚事與用餐。

中圖：位於邊陲的新竹湖口和興國小，每餐經費雖只有三十二元補助，卻能推動每週吃兩次有機營養午餐，還策劃食育課程。孩子們面露幸福，用吃改變世界。

左圖：溪州鄉公所推動托兒所午餐食材，力採「地產地消」。

下圖：實踐「地產地消」的農民，種米給小朋友吃。信任、分享就是社區支持農業的基礎。

驗與價值，就能讓過去受價格宰制的食物，有機會轉換成友善土地的食材，搭起餐桌與產地橋樑。

二〇一一年底，宜蘭行健有機村的米因通路商違約，一萬五千公斤的稻穀庫存囤積恐壓垮小農的有機之路。「上下游」文章紀錄了「行健有機合作社」主席張美無奈心情與相關報導，消息經過媒體發酵，一呼百諾，超過一萬五千次的閱讀流量，網友與各界的行動化為實際訂單，兩週左右就將庫存銷售完畢，解除庫存壓力，讓「行健村」安然渡過風暴。

還有諸如以「鴨間稻」方式耕種的竹東稻農莊正燈，也是一位具備新觀念的農夫，謝絕通路商，選擇直接面對消費者，將省下的通路成本回饋購買者。沒料到才甫獲農委會「十大經典好米」肯定殊榮，土地卻被徵收為竹科三期用地，面臨著無田可種、經典絕響的困境。「上下游」市集於是開始號召賣米，不消一週，已賣出兩百多包，將閱讀轉化成行動，再次喚起農地政策問題的省思。

影響力事件2：媒體議題合作，影響政府營養午餐決策

與馮小非一起行動狂想的推手，還有前天下資深記者汪文豪，目前擔任「上下游」專職記者，以其長期對新聞的專業熱誠而受邀為「共同創辦人」，主動就環境與食物進行深度出擊。

由汪文豪領軍的新聞調查，策劃了諸如營養午餐——「碗中的未來」、「瘦肉精，不安心」等議題，揭露出許多官方片面選擇公佈的內容、或相對安全的說法，震撼了讀者的覺察，也讓政府單位相當緊張。

「上下游」的議題開拓性也吸引諸多跨媒體合作，諸如《新新聞》雜誌二〇一二年度開春封面專題「校園營養午餐好毒?!」，揭露高達五成食物中毒在校園，於是兩方共同呼籲公部門積極面對校園食品安全，同時借鏡日本如何推進「食育」。此舉適時影響台南市政府主動訂立「學校營養午餐自治條例」，力推「地產地消」的安全食材供應，並計

畫將日本食育安全法中的「營養教師」制度引入實踐（註三）。

影響力事件3：呼籲守護埔里小農，包裝水企業放手了

因著對於土地關懷的匯聚，公民行動也更具力量。二〇一二年九月，記者汪文豪等人主動揭露肇因南投縣府不當劃用，包裝水公司搶地，直接衝擊埔里有機玫瑰、茭白筍產業面臨消逝危機。不到一週，超過七萬人閱讀，引發臉書熱烈討論、轉載。該企業在接獲各方反映之後，也決定順應消費者呼籲，終止埔里擴廠投資案。消息傳來，一時甚為鼓舞激勵，企業界不敢再輕忽小小消費者的力量。雖南投縣府仍未放棄招商開發，報導本身卻更促成埔里當地有機農民與關心農業發展人士的串連，不再只是消極說：「NO！」力推精緻農業與手作好物作為埔里發展立基，再次寫下了翻轉社會動能的契機新頁。

MORE

「上下游」高人氣關鍵know-how！

上下游網站開站短短一年，近千篇文章、超過六十一萬閱讀人次造訪、逼近三萬臉書粉絲，成績令人驚艷。探究背後，它的超高人氣有撇步。

關鍵1 廣邀寫作

相較於多數網站只能被動閱讀，「上下游」首先提供人人都能寫作的「互動式全民參與」平台，廣邀關心農業、食物與土地的作者，呈現多樣活潑內容。既是作者、也是讀者，滾動更多朋友加入。

關鍵2 社群網站

利用社群網站如臉書（Facebook）、推特（Twitter）的高傳播性，將推薦文章推送、轉載，發揮「以一乘百」的效力，讓更多人得以閱讀，串連起讀者、寫作者、生產者間的關係，

關鍵3 媒體合作

除專題報導召喚更多主流媒體跟進、深入追蹤外，也與媒體建立友善合作互動。例如「上下游」與《四方報》合作刊登東南亞美食食譜，並盡可能在中文後面附上該國文字，建立跨文化交流，同時擴大閱讀群。

讓吳寶春都說讚的有機食用玫瑰，卻受到南投縣府片面中止土地租約。

「上下游」揭露南投縣府不當劃地、包裝水公司搶地傾軋在地小農，在地世界級的用心將面臨消逝。

打開這張農業世代地圖，無論是農法轉型或是青年從農、熱血消費者的行動參與者……，共同造就了活潑的農業光景，公民媒體與社會的對話、培力發聲，也愈發積極熱烈。站在這股新農力量浪頭上，現在，是否就是台灣戰後農業最復甦的時代？會不會孕育推展出更多農業人才與新生力量？還是曇花一現？……「上下游」好似站在一個絕佳的位置，替台灣未來的農業發展記錄著一路軌跡。

產品創新力

發揮農產品新潛力，讓生產者、消費者都受益

產品創新力1：投入無添加農產品開發，改變超市貨架上的選擇

「想嘗試發揮生鮮產品的潛力。」擔任產品開發統籌的馮小非，把理想放入市場中檢驗，以產品開發擔負起讓獨立媒體的經濟基礎。

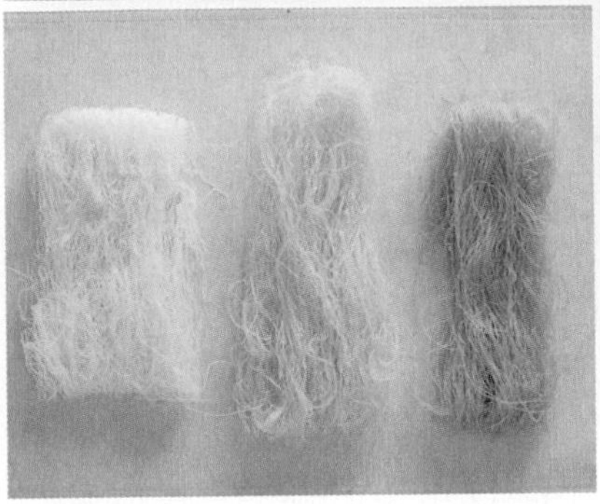

右圖：毛豆被封為「綠金產業」，甚至被拿來作為政績廣告，卻將被政府劃入高屏大湖開發計畫。

左圖：「上下游」揭露了米粉界的秘密：九成米粉竟非米做的，米粉充斥廉價玉米澱粉，引起社會高度關注。下圖分別是糙米米粉（右）、純米米粉（中）、玉米澱粉米粉（左）的比較。

「如果能改變貨架上的選擇，生產出好吃、價格又合理的產品，是否就能促動消費行動？」看到了農業現實結構的荒謬，馮小非相信一定也有不同的解決模式，經驗告訴她：只要能建立消費者認知與品牌信任，就一定辦得到！

「這裡有很好的同事，有點不怕死、一起擔。」辦公室裡的夥伴，扛米、搬麵粉，樣樣自己來，一起包裝、互相打氣，馮小非的眼神好像又閃過了幾許光芒。

馮小非等五位共同創辦人集資，像是推動「日月老茶廠」重生的莊惠宜協助通路拓展與產品建議，國家工藝獎得主楊偉林協助整體形象包裝設計，科技好手蕭名宏提供網路系統諮詢，各個產製環節迅速到位。另外，因為拒絕不適當添加、技術難度高，幸好有無毒加工的業者諸如「豆之家」、「杜康行」，以及企業通路如有機商店「里仁」情義相挺，終能「有機連結」起生產、製造、銷售的「上下游」。

「上下游」原本設定三年損益兩平，沒想到營運績效超越原本預期目標，一年就打平，除了有一百六十位共同辦報人的支持，市集營收更得以支應增聘新記者加入調查團隊。

產品創新力2：以產品開發解決農業問題

時間倒轉至網站籌備期間的某日，電話回應那頭背景嘈雜，原來馮小非又進入了高雄桃源區的紅肉李園。一方面是著眼解決生產滯銷的燃眉之急，另一方面是由於長期關注災後議題所建立的敏感度，馮小非和夥伴們看見了紅肉李的環境效益，以及其後續帶動的部落經濟活力，即使採收困難、倉儲運輸成本高昂，「上下游」仍決意將李肉進行健康加工開發。

△開發「回家李」果乾、果醋，讓小農安心照顧健康果實

「紅肉李是非常友善土地的作物，強健、耐旱，不需要特別照顧或噴灑農藥就能生長。」馮小非還說紅肉李如同原住民農友的純樸個性、自然樂天，除了易於無毒栽培，「如果能讓種植成為經濟模式，部落農友就可以留在山上，不必外出打拚！」這也揭示了「上下游」自有開發的「回家李」意涵——「讓農人安心回家裡，照顧健康果實」。

面對紅肉李後續加工成果乾和果醋的成本，馮小非仍決定以兩倍市場收購價格，並採取公平契作方式，與這些原住民農友合作。縱使這麼做了，還是讓馮小非覺得對農友過意不去。

不過，對原住民農友而言，不必將土地租給平地人，也不需砍掉果樹改種其他高收益、高用藥卻傷害土地的作物，留鄉、返鄉就能成為選項。對生產、消費兩造而言，產品的開發延長了農作的利用價值，無過度添加的食材成為親近消費者的選擇，也能讓更多加工後的產品利潤，留在農友手中。

「上下游」自行開發的「回家李」果乾、果醋，讓年產百萬噸紅肉李的桃源鄉可以重獲生機，召喚著

更多的農友加入無毒栽種，而製作過程中還意外發現易發酵的紅肉李，酵素超過一般的水果，極適合開發成果酒，讓令人殷切期待「回家李」熟成果酒的芬芳滋味。

△設計「小麥練習曲」系列產品，支持本土小麥栽培

「針對我們認為需要解決、或是需要共襄盛舉的議題，主動進行產品開發。」馮小非與好友們企圖以產品開發的模式解決農業問題，此般理念同樣運用在推動本土小麥種植上。

台灣每年約有一百一十萬公噸的小麥消耗量，幾乎等同台灣稻米的食用量，卻幾乎百分之百仰賴國外輸入。放眼小麥粗放耐旱、不怕病蟲害，適合大面積的無毒栽培，在環境日益惡化的當下，廣植小麥既能友善土地，更能提供安全的糧食自給。

馮小非嘗試與推動本土小麥栽培「喜願麵粉」的施明煌，針對本土小麥的風味，找出適合的食材與配方，設計出即食的杏仁一口酥、香椿蘇打餅，以及「小麥練習曲」系列產品，包括如南瓜核桃餅乾、香草司康等多樣ＤＩＹ產品，消費者只要按照圖文並茂的說明書將食材混合：打個蛋、加入奶油，是連小朋友都能順利完成的手作料理，藉以美味的練習樂趣，推向台灣小麥進入日常生活。

仔細觀察「上下游」的產品，細膩，卻也叛逆：鎖定具環境意義、尤其能逆境生長的農作，反向從產品開發為種植尋找出路。「台灣的氣候與環境每況愈下，愈簡單就愈不容易對環境造成衝擊。」馮小非反覆思考、推敲試驗，似也賦予了農產全新魅力與形塑出新市場的雛形。

產品創新力3：發揮食物的潛能，豐富消費者的食物經驗

馮小非認為，在種植與栽培之外，仍有很多農產未

上圖：「上下游」自有開發系列：回家李的生果（右上）、產區農友整理回家李果實（右下）、回家李果乾（左）。
下圖：回家李，讓山裡的人留在山裡。

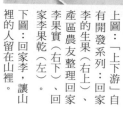

「上下游」與推動本土小麥栽種的「喜願小麥」合作，共同開發出一系列自有品牌產品，包括即食的「一口酥」、「香椿蘇打餅」與小麥練習曲等。左上圖為契作小麥農友陳文龍。

被適當產品化。「農作與產品間是有距離的。例如柳丁能種得出來，卻不一定足以成為市場上可運作的商品！」馮小非深深覺得要能符合市場所需，還要能被消費者觸及，台灣仍有好多農作尚未成為好的產品。所以，「上下游」嘗試重新從產銷規劃與食物經驗為起點，打開農產潛在市場。

「台灣也可以種小米耶！但是，小米好像尚未清楚得以成為商品。」馮小非舉例，首先不知道去哪裡買，也可能買到相對貴的進口小米。再者，除了現有烹煮食用模式外，是否還有其他可能？說著說著，馮小非談起某次妹夫料理的北非小米Couscous，這個在歐洲、中東相當普遍的食材，可以包裝成即食商品，料理成燉飯、沙拉都很容易。馮小非直言，「那麼，台灣的小米為什麼不行？只是還沒有出現在我們的食物經驗中？」或許將小米蒸熟後，再加以真空包裝，也許就能發揮食物的潛能，填補台灣食物地圖的空缺！

從「溪底遙」時期就負責產品開發，馮小非深知多

MORE

線上市集，好物必買

品質口感皆精采，和市面品牌重複性不高，價格更友善。

自有開發

回家李果乾

純樸健康的零食，不添加任何色素、香料、防腐劑，微糖有蜜漬、吃起來有茶葉清香，讓人停不下來一口接一口。

回家李果醋

來自無須打藥就能活跳勇健的紅肉李。可直接稀釋飲用，夏天加點冰塊更爽口，也可以作為醃漬、涼拌小菜的好夥伴。

小麥練習曲

想吃手作餅乾嗎？超級香，好吃又簡單ＤＩＹ材料包，適合全家一起來。有巧克力核桃、阿薩姆紅茶等多種口味。屬於小麥產季後的限定產品。

市集好物

荳之鄉黑豆茶

出乎意料地香醇，豆香不輸咖啡香，溫潤有深度，喝過者均讚不絕口。茶包沖完後，可撕開直接食用裡面的本土黑豆，好吃涮嘴。

四季耕讀農園自然米米果

用自然米、非基改玉米粉，全程非油炸全素。淡淡味噌鹹香、份量十足、不燥不黏的午茶好點心。吃過後，就再也不想吃他牌米果了。

樸實果醬

把水果的最單純、最美味封存在罐子裡。有柚子、檸檬、鳳梨、草莓等多種口味，口感細膩豐富，作成抹醬或沖杯熱茶，都很療癒。

阿燈地瓜

堪稱台灣最好吃地瓜品種台農五十七號，烤後呈金黃色、散發天然焦糖香，吃起來特別甜，吃過連作夢都不忘，產季總被快速搶購一空。

樣的食物經驗，就能創造出更多的產品。尤其，台灣所吃的食物只有三成來自台灣本地、七成來自國外，「如果空缺的七成中有了兩成的改變，就足以讓可觀的生產者得以受惠。」馮小非說道。

從喚醒味覺感官開始，「上下游」不僅創造在地就業，似乎也開啟了農業供需的新渠道。

產品創新力4：不賣自己買不起的東西

理論上，網路市集是高獲利來源，馮小非卻設定了較低的獲利貢獻比例，降低自家通路色彩，原因在於有機生鮮物流在時間與經濟的成本轉嫁，難以掌控品質，而這些都不是「上下游」樂見提供的服務。不獨佔、不專有，「上下游」希望做的是：提供多樣友善產品的選擇，讓生活發光。

採訪這天，「上下游」辦公室剛結束了「好食光」的果醬試吃分享會。這個被形容「會發光」的果醬，是曾擔任雜誌社行銷的柯亞，堅持無毒食材的回鄉創業之作。馮小非認為果醬的「高水果利用率」相當值得推廣，「水果泡醋，醋的使用量會高於水果。但果醬卻是完全利用，連水都不加，可想見它對水果的消耗量。」

市面上多數果醬未用無毒材料，或價格過高，或需要冷藏、無法常溫。「上下游」到處開發尋覓發現，「耶！柯亞這東西不錯，不管在食物態度或是價格，都相當合理。」馮小非提及一個重要的原則：不賣自己買不起的東西！「一般月薪兩萬八到四萬的受薪階級買不起的，我們不賣也不開發！」

於是乎，「上下游」從每日要吃的米，到解饞的零食，市集裡的產品價格無一不是親切又溫暖，才知道滋養脾胃並不需要付出高昂的代價。

△

改變餐桌風景時，土地世界的樣貌就不一樣

「我們還有一個快樂菱角鳥的計畫。」馮小非開心說起復育鳥類的契作種植，聽得人眼睛一亮。拖著

「上下游」市集中，友善親切的推薦好物。
右圖：樸實的柚子果醬。
左上：有機茂谷果柑果醬，風味精采，泡成水果茶香氣四溢。
左下：台東農友阿榮烘焙的土鳳梨乾，採自然農法柴燒，有個性的滋味。

長長羽尾、氣質華貴的水雉，別號「凌波仙子」，主要棲息在菱角或稻米濕地，卻因為噴藥與環境開發，數量一度少到僅存七十餘隻。「水田、菱角、田野蓮、茭白筍本來就是水生栽培，不須刻意，就足以涵養水源，解決台灣長期地層下陷的問題，鳥與人類也能共生。」還有、還有，馮小非想到了菱角色彩的雅緻絕美，加以共同創辦人楊偉林的設計專長，工藝美學結合生機美食的夢想即將誕生。

台南官田可是菱角之鄉、水雉重要繁殖及渡冬區，「這是『快樂菱角鳥家族』，有米、有菱角，有體驗手作趣味，還可以凝聚社區，歡迎大家來看水鳥！」聆聽自己的聲音、也不停止行動理想，「上下游」在為土地築夢，卻靜靜地掀起這場溫柔風暴。

飲食文化源於農業生產，也許扭轉消費生態，就能啟動改變。讓我們期待餐桌風景改變發酵的那一天，土地世界的樣貌美好得更不一樣。

「上下游」市集嚴選推薦品：樸實小鋪的果醬。單一水果風味，封存住香氣與新鮮。

註一：相關新聞，請參照「莫拉克新聞網」http://www.88news.org。農瘦猴肥：桃源李價奏悲歌。二〇一一年，柳婉玲。

註二：二〇一二年，「共同辦報人」機制鼓勵讀者平均分散支持，降低了原本一千元的閱讀支持門檻，調整為三百元，希望更多製作優質新聞的獨立媒體也可以得到鼓勵、並蓬勃發展。

註三：二〇〇五年，日本政府訂定「食育基本法」，以法律位階推動全民健康飲食觀念，並建立「營養教師」制度，校園營養午餐成為具教育效果的活教材，也培養出學士對於鄉土物產的理解與情感。

【不一樣的做事態度】

「紅肉李是非常友善土地的作物，強健、耐旱，不需要特別照顧或噴灑農藥就能生長。」馮小非對紅肉李有著高度的期待，「如果能讓種植成為經濟模式，部落農友就可以留在山上，不必外出打拚了！」

《上下游新聞市集》的挑戰×創新

⊙勇於挑戰的難題：

1. 餐桌與農業危機：當國外低廉農產品大量入侵，你我對自己吃下的東西愈來愈沒有把握；而在地友善農耕的作物無法進入產銷體系，整體農業生態也愈形惡化。

2. 媒體公信危機：當新聞成為商品、業主花錢購買的置入性行銷佔據了專業報導應有的版面，嚴重影響新聞訊息的獨立公正性；讀者因無從判斷廣告與新聞的分野，只能照單全收、無力對抗。

⊙創新的解決策略與經營模式：

1. 營運模式創新：以產品開發，支持媒體獨立

「上下游」創新以「產品開發」的非捐款模式，支持媒體運作；不再依賴廣告預算，閱聽人就能得到無商業干擾的糧食與農業訊息。

2. 內容市場創新：食物與土地專業網站

「上下游」重拾飲食與土地的關注，甚至將種籽保存、食物安全、糧食自主等看似枯燥抽象的議題、或最不透明的資訊，轉化為閱讀趣味，進而連結起友善耕作運動。

3. 生產開發創新：友善開發，創造貨架上的選擇

選擇友善土地農作如紅肉李、小麥，逆向開發為無不當添加的無毒產品新選擇，既延長了生鮮的利用價值，又填補了現有市場的空缺的選項，消費者得以有機會參與改變。

4. 社會工程創新：重建媒體公信力

「上下游」重視商品與新聞的清楚份際，新聞的價值更加凸顯，帶動主流媒體跟進、合作深入報導；沒有虛假的新聞、找回專業素養，真實重建讀者對公正媒體的信賴。

DATA

上下游News & Market

成立時間：二〇一一年九月。
台灣第一個以「食物與土地」為主題的專業網站與公民平台；以友善開發，刺激消費成為改變的力量。

地址：
台中市西區五權西二街一〇四號三樓

網址：
http://www.newsmarket.com.tw

哪裡買得到：
到上下游新聞市集採買好食物，用行動支持友善土地的小農產品。

訂閱支持：
付費訂閱，加入共同辦報人，支持客觀報導訊息與專題新聞寫作。

閱讀支持：
轉載優質新聞、甚至按個讚，都能發揮好新聞的影響力。

個案延伸討論 讓夢想發光的創新與挑戰

1. 你的夢想是什麼？

馮小非長期深入災區、投入公民媒體運動，促使其嘗試經營自主永續的獨立媒體。那呼喚你內心深處的使命又是什麼？如果還沒有，現在就開始想一想？

2. 對於所要投入解決的社會問題或服務對象，了解有多少？

「上下游」看見與民眾切身相關、資訊卻最不透明的食品安全、農業生態訊息，創造出經濟與文化的價值藍海。不妨現在就廣為收集相關情報，看看可以怎麼做？

3. 檢視自己的優勢和專長？

馮小非練就了媒體專業與產品開發的好功夫，跨界好友們則是各領域中的佼佼者，一起合作，共同創辦了「上下游」。想想看，什麼可以讓助人的事業可以有更好的開始？

「無米樂」幸福農村典範

芳榮米廠

文・梁瓊丹

來自WTO與休耕政策的衝擊，
甚至食用米人口銳減，
傳統碾米廠只能在夾縫中求生存，
但「芳榮米廠」不一樣，逆思考求活路，
搭建小農、農村發光第二春，
不但讓稻農健康又有機，
自創「無米樂」、「禾家米」等品牌還成了搶購伴手禮。
另外，「芳榮米廠」更結合各方資源，
活化農村的歷史人文資產，
成功再現農村古早味風華，
參訪旅人絡繹不絕，就是想要到幸福米鄉攬勝！

關注領域

糧食自主、社區營造

這裡是「無米樂」的故鄉，台南後壁的菁寮。橫躺在清朝的老地圖上的台灣，標示著「台灣府城，北至菁寮八十里。」

曾經，這裡是交通要衝，八掌溪沿岸最繁華的聚落，往來府城與諸羅的必經之地。曾經，這裡就像每一個人口外流的小鎮：只剩一方小田，稀稀疏疏的老人家，靜靜地生活著。

二〇〇五年，一部「無米樂」紀錄片，將三位樂天知命的老農（崑濱伯、文林伯、煌明伯）推向大螢幕，讓原本偏遠沒落的農村，變身為國內熱門的休閒聚落。

許多人不知道，隱身在後的推手還有一間碾米廠，在這個仟陌相連環繞的地景裡，重建了「農民、農村與農業」的生活，為產業闢出新路，道盡了「生活、生存、生命、生態」的土地意義，同時更活絡了當地社區經濟，振興了老街，帶來了蓬勃的人氣。

△卸除剝削印記，米廠走向合作之路

經營到第四代的「芳榮米廠」，其實只是後壁的眾多米廠之一。米廠，對老一輩的人來說，是米倉，就是銀行。多數農民無法獨自烘乾所有的稻米，家中也沒有大型倉儲儲存米糧，因此米廠兼負了「倉庫」與「錢庫」的功能，寄於米廠「生利息」，需要時也能以米抵押質借現金。

但是，米廠也曾經是剝削的印記。低價收購、高價賣出，控制市場、賺取價差。「我們像是加害者，糧價如果不好、農民沒賺錢，錢就是被我們糧商賺走了。」一頭QQ捲髮、親切言談猶如隔壁鄰家大姊的「芳榮米廠」執行長黃麗琴，無奈又苦笑地說：「農民不好，我們不會好的！」

來到「芳榮米廠」，一眼望去，左邊仍是居所的大家庭老式三合院，保存著祖先廳堂，右邊就是軋軋機器聲不絕於耳的碾米廠。早上十點鐘，自清晨就開始忙碌農事的「全國十大經典好米」得主蕭登財，來到「芳榮米廠」與兼營「興農門市」的開放性辦公室話家常，開玩笑地說：「肥料、資材，每項錢攏呼伊賺去，所以一定要常常來喝茶、喝夠本。」

從家務事聊到了種田農事，從急於「抱孫」的期盼，談到心中的不如意、不時也擴及到對政局、政策的不滿，蕭登財與其他農民，每日像是上班打卡一樣，準時來米廠報到。「芳榮米廠」的每一天，幾乎從這「端茶請農民喝」的場景出發。

△全球競爭下的台灣米倉，只能坐以待斃？

後壁區水稻耕作面積五千四百公頃，稻米年產量三萬七千八百公噸，皆為全國之冠，故也被稱為「台灣米倉」。全盛時期的後壁，就有三、四十家米廠，幾乎每個村莊都有米廠商號。

不論是收穀、碾米、賣米，「芳榮米廠」的老招牌，陪伴台灣農業歷經了不同的時空環境。從農業為本，到以農養工，經濟結構再轉型為服務導向，台灣農業逐漸式微。過去，公糧保價收購制度，讓經濟弱勢的農民只能追求量產、穩定生活；二〇〇二年，台灣加入世界貿易組織（World Trade Organization, WTO），農業更面臨國際經貿自由化的衝擊，大量進口米進入糧食市場，台灣的小米廠、稻農生存也日形艱困。

黃麗琴直言說到，「我們開始感受到一種極大的壓迫。」尚不談歐美各國大量貼補的農產傾銷，以價格競爭力來說，台灣米價僅次於日本、韓國，為全球第三昂貴；尤其台灣加入世界貿易組織之後，全世界的米都可以進入台灣，如果始終只講求價格，整體農業就會垮台。

「當大企業體開始引進具價格優勢的進口米，有厚實的財務後盾、進口議價力、通路能力又強，什麼人會是他們的對手？」黃麗琴忍不住喟嘆：「如果我們活不下去，老農可能也活不下去。在地的農業就沒了。」

「芳榮米廠」與契作農友們。由左至右：財伯仔（蕭登財）、文林伯、執行長黃麗琴、崑濱伯、群謀伯、煌明伯。

「芳榮米廠」就是四個女人的經營傳奇。由左至右：大嫂黃麗琴、沈勸阿嬤、小姑張美雪、二嫂殷秀菊。

△ 四個女人，寫下農村經濟改造傳奇！

「芳榮米廠」自一九二六年（昭和元年）由張大存成立，走過歷史歲月，目前已傳承至第四代。名義上是由張柏亮、張柏堯兄弟負責，其實背後更是由婆婆、大媳婦、小媳婦與小姑，這四個來自不同家庭、「不同姓氏」的女人，共同經營的傳奇。

婆婆沈勸，習慣所有村莊的生活節奏和文化，半隻腳踩進水田、拔除雜草、發落田間事務，裁量意見方針。七十多歲的她髮色烏黑，穿梭在水田與米廠，精神依然抖擻。

大媳婦黃麗琴，擔任「芳榮米廠」執行長兼財務長。原本在台北的貿易公司工作，與「菁寮國小」大兩屆的老公相親結婚，回到後壁，開始與一群日治時期出生的老農做夥，學習土地語言。負責田間管理與資材採購的，是二媳婦殷秀菊，就是「無米樂」紀錄片裡，半夜收購崑濱伯濕穀的米廠姑娘，針對稻米品質進行管控與把關。

右圖：超親切的崑濱伯與可愛犀利的崑濱伯母。

左上：無米樂冠軍米禮盒。以稻米產業帶動農村文化。

左下：「芳榮米廠」獲得「績優稻米產銷專區」的肯定。

下圖：崑濱伯憑著對於土地的熱忱與執著，二〇〇六年打敗常勝軍的池上鄉，一舉奪下全國稻米「總冠軍」。

小姑張美雪，自小在兼營的「興農門市」工作，每每從農民手中接過一張張汗水濕濡的鈔票，再一張張排好、晾乾，分外體會到農事者的辛苦。長於公關外交的她，是米廠行銷經理、負責行銷通路開發，也因為熱心「雞婆」，另一個身分是「無米樂稻米品質促進會」總幹事，積極想要為家鄉創造各種機會。

不同於傳統「夫唱婦隨」、「男主外、女主內」的刻板印象，「芳榮米廠」就是「女人當家」的寫照。兩兄弟喜歡隱身作「女人背後的男人」，四個女人高度競爭又充分合作。抱持著「少計較、多感恩」的企業經營默契，聯合寫下農村經濟改造的傳奇。

轉型成功關鍵

碾米廠串連起有機產銷，更讓社區活力再造！

成功關鍵1：以九十五%的人力投注在轉型事業上

稻米產業、農村、農民，三者是共存共榮的。「我們等於站在同一條船上，一定要去爭取整體的生存空間！」黃麗琴以前瞻的遠光，籌畫米廠未來經營方向。

二〇〇五年，時逢農糧署為提升稻米品質，打破過往由政府保價收購的方式，推動「稻米產銷專區」政策，鼓勵整合稻農、碾米廠、行銷公司，將稻米直接推向消費市場競爭。黃麗琴從主客觀條件與內外部考量，向老公張柏亮遊說成立產銷專區的必要性。

黃麗琴眼中的老公張柏亮，堅忍又開放，向來講求品質與競爭力，寧可自己穿破衣褲，也要投資廠房設備讓米糧住得舒服。「投資，是確保我們在行進的路途中，不要掉隊。」張柏亮欣然同意黃麗琴的提議，允諾以六年的時間推動專業區計畫。

權衡當前時局，農民只有面對消費市場這條路可以走。兩夫妻願與大環境共生死，奮力一搏，而停損點設在：「如果六年後仍虧損，就放棄。」

於是，「芳榮米廠」分成兩個運作體系：一為傳統「碾米廠」業務，另一就是「芳榮產銷稻米專區」。自此，米廠，不再只是「米廠」。「芳榮米廠」開始耗費米廠九十五%的人力，跨入初始業務營收量只佔五%的專區輔導事務。

成功關鍵2：掌握主導權，讓產品力UP！

二〇〇四年之前，「芳榮米廠」對於收購稻米沒有自主權：無論農友種什麼、來者不拒，獲利主要來自提供米行、加工轉售給大盤的價差。二〇〇五年之後，「芳榮米廠」改變產銷模式，開始掌握對稻米種植的主導權，輔導農民配合市場定位，種植消費者可能喜歡的米。

「芳榮米廠」目前擁有七十多位農友，經營一百二十餘公頃的稻米產銷專區。「無米樂」影片中的崑濱伯、煌明伯與文林伯，其實都是「芳榮米廠」的農友。崑濱伯穿著改良過的撻米鞋（TABI），俗稱忍者鞋或足袋鞋，配上靦腆真摯的笑容，感覺「潮」極了。

這位「做田如坐禪，無米也快樂」的樂天崑濱伯，可是受過日治高工教育的知識農民，具備對於土地新觀念的高接受度。「政府會聽、會講，但是不曉做！」二〇〇五年，台灣的休耕農地超過二十八萬公頃，首度超越全島的耕作面積。「公糧制度、休耕補助，問題愈補愈大……。台灣農業問題，簡單來說，就是產銷失衡。」崑濱伯語氣激動說著，「欲用更好的價錢跟農民收購，又要叫米廠賣卡俗。兩邊都要討好，哪有可能？」

崑濱伯憑著對於土地的熱忱與執著，以及與「芳榮米廠」長期配合的默契，儘管耕作經驗豐富，依然願意接受輔導，加入產銷專業區。二〇〇六年打敗常勝軍的池上鄉，一舉奪下全國稻米「總冠軍」，創造出西部冠軍米，也將「無米樂」包裝米與台南後壁觀光，推向高峰。

右圖：「芳榮米廠」在二〇〇五年成立稻米產銷專區。
左圖：二〇〇六年起，「芳榮米廠」即開啟有機栽培之路。

成功關鍵3：源頭管理，做好品管！

「無米樂」紀錄片裡的崑濱伯，翻著他厚厚的日誌紀錄，記載著每日巡田施作的情形。崑濱伯自己料想這個年歲加入專業區「沒意思」，後來才發現「差很大」，「現在種植有目標、有重點」。

絕大多數的老農民仰賴經驗與記憶，「去年用這肥料剛好，今年照做卻慘了，雨水一多，稻子就倒了！」施肥時機與施肥量總抓不準，嚴重影響產量，更有許多農友因為無計畫噴藥，意外中毒。

不讓老農們孤軍奮戰，「芳榮米廠」執行長黃麗琴以「源頭式管理」進行流程控管。因此，無論是品種選擇、育種育苗、肥料配送、巡視田間、水源控管、耕作指令建議、調整生產，甚至「一分地要插多少量的秧」，都有明確指示。為了確保專業區農友遵守規定，有時一日甚至巡田九次，次數多到農友戲稱：「芳榮保全又來了！」

上圖：「芳榮米廠」進行源頭式管理，強調合理化施肥，並採用有機肥料使稻米健康，吃的人也健康。照片中為農友張柏堯，同時也是「芳榮米廠」第四代傳承者之一。

下圖：來自各地機關團體，熱情響應入穀「有米樂」。

「農民拿鋤頭很正常，但要他們拿筆，就會受不了。」黃麗琴深諳農友的習性與弱項，指派同仁追蹤農友、幫助農民進行履歷登錄、農藥檢驗，以及將資料上傳提供相關認證單位。黃麗琴不諱地表示：「確認時間拖得愈久，農民插秧施肥的時機就愈不確定。」

由黃崑濱擔任總班長，田間還有七個班的班長，針對各地土壤、各品種差異，協助田間管理。從土壤、水質重金屬檢測、資材採購、肥料施用、收割前採樣驗收，以確保從一粒種籽到一粒米的過程，都能完全掌握。

△放棄追求總產量，改走精緻路線

碾米，「芳榮米廠」堅持要碾得精細。稻米以秤重計價，過去重視「篩碾率」，碾得米愈多，就愈能賺錢。老公張柏亮卻堅持要篩碾得更細緻，成本雖會墊高、可賣總量也會變少，但篩出的米保證好吃。對張柏亮來說，「裡子（口感）可是比面子（篩碾量）還重要！」

在種植上，「芳榮米廠」也不追求最高產量。二〇一二年六月無預警的豪雨狂瀉、颱風來襲，讓南台灣水稻仆倒整片，但是「芳榮米廠」契作的農友早在端午豪雨狂瀉前，感恩收割，意外挺過這場災難。「施肥過多、米粒重，可以賣更多錢，但稻稈撐不住，一下大雨就會仆倒。」負責「芳榮米廠」行銷業務的小姑張美雪有感而道。

現行氣候的不穩定，提醒著農友栽種方式應該要有所改變，因此張美雪等人不斷鼓勵農友放棄短期利益，改栽種高品質、低產量的稻米。果然，「芳榮米廠」與農友們齊心合力，用行動做出證明，除了「民生用水優先」導致無水可種的二〇一〇年，自大師傅黃崑濱榮獲二〇〇六年的全國總冠軍開始，沈建益、蕭登財、林金在、程淑霖與小叔張柏堯等「芳榮米廠」農友們，幾乎連年得到「十大經典好米」大獎肯定，也未見悲情稻米「仆街」。

成功關鍵4：引入有機耕作，走向健康無毒生產！

「未來農業必然要走向健康無毒。但如果自己不先試，如何能推廣引領他人？」黃麗琴想到了家中一塊三角畸零地，一面是台糖廢棄的舊鐵道、一邊臨大馬路，另一邊是排水溝，剛好形成了隔離帶，於是想辦法說服婆婆沈勸嘗試「有機種植」的可能。

△彎腰拔草，一切重新學習

「耕作還算簡單，但一看到田間茂密雜草，老人家就嚇壞了。」黃麗琴回憶當時轉作有機的情景。儉樸的沈勸，捨不得再花錢請人拔草，每每彎腰蹲田汗流浹背奮戰，考驗腰骨的肌肉耐受力不說，得在密密麻麻的草堆裡，細心分辨作物與雜草，耗費眼力與判斷力，卻仍屢拔屢長，牢騷埋怨的火山能量一觸即發。

彎下腰，雙手撥土鬆土、把草抓死，黃麗琴跟著婆婆一起拔草，好似靜心沈澱、清理思緒，整理繁雜。其實只要能接受單位面積產量稍少，雜草只是短期的陣痛。崑濱伯就一派輕鬆地說：「種下去就等著收割。我只有灑粗糠殼防雜草，卡麻煩而已。」

沈勸等農友，向後來投入有機種植的崑濱伯交流學習：在插秧後，灑上粗糠隔絕自然接觸，防止雜草發芽竄出；當粗糠轉化成有機質翻進泥土，還能增加土壤透氣性。「已經兩年了，都沒有再發雜草！」沈勸和黃麗琴婆媳倆發現：一期稻作只施了基肥、穗肥兩次、不需噴灑農藥，好像真的省本又省工！

「我想做一種觀念的改變。」黃麗琴自問，如果沒灑農藥就可以種得很好，那麼就算是慣行，也就不需那麼多農藥。「對作物也好、對自己也好，對消費者更好，不就是一種互利！」

白米脫殼後的粗糠一點都不能浪費。灑上粗糠隔絕接觸，得以防止雜草竄出，還能作為有機堆肥。

有機共好，是生機、是奇蹟

除了灑粗糠防雜草，黃麗琴等人也鼓勵採行老祖宗傳統智慧，像是近來普遍推行的「養合鴨除福壽螺」。於是，「芳榮米廠」提供所有資材與成本，鼓勵農友以生態技法取代化肥農藥。

剛孵化的有機小合鴨，搭上從宜蘭出發的火車，一路坐往台南，與剛插秧的土地同步成長。像菁豐班的陳英珍班長就有二百多隻小鴨，別稱「鴨爸爸」。

小鴨清晨穿梭稻田、振落稻葉雨露，免卻了稻熱病的危害，更能吃掉福壽螺與害蟲、踏除抑制雜草，而鴨糞更是稻田的天然肥料。過去因為追求高產量而大量使用農藥化肥，導致酸化、劣化的土地，也因而有了新風貌。

「有機，是生機，也是一種奇蹟。」小姑張美雪輕撫著大地，從青蛙等土地樂手的聲音中得到肯定。當休耕只會走向廢耕時，農民不再耕作而喪失來自

上圖：放養至田間的合鴨，休息後要開工了！合鴨田裡充滿著生命故事。這就是最自然和諧的土地風景。

下圖：來自四方好友一同施做有機肥，散播歡樂、成長收穫。

土地的滋養、消費者吃不到自己土地產的米食，土地甚至不幸淪為垃圾丟棄場……，其環環相扣的惡果將不堪設想，但有機友善的轉型稻米，卻繼續孕育著你我所需的糧食，涵養水源氣候、減緩地層下陷、降低暖化效應，讓土地呼吸、讓萬物得以共榮與永續。

成功關鍵5：再教育，技術、行銷再UP！

以前割稻、曬穀、儲存、扛送，都是農民一手承擔，向來體恤農友的黃麗琴和張柏亮，考慮到農民年紀愈來愈大、體力無法負荷，「碾米廠要擔負起更多的責任。」

「芳榮米廠」因此開始投資興建烘乾場、溫度調節機房、儲放米倉等前端設備，從初步的濕穀低溫烘乾、電腦自動控溫冷藏儲存，進一步到礱穀、碾米、屑米選別、碎米分離、色彩選別，淨米到除塵、真空包裝等，每個流程都要嚴格管控。

然而細數從送檢測試、控管認證、冷藏儲存到品牌行銷，成本是不斷墊高，「要穩固品質，產業才有希望。」黃麗琴仍認為一切付出很值得。只是有機推廣難度高，即便承諾扛下銷售風險、遊說農友加入種植，她回想起當初被誤解的心酸：「人家還以為是高暴利事業，很好賺。」

時間是最好的證明。現在，最讓七十歲老農如七歲小童般雀躍的，不是做夥去「憩逃」，而是每年例行外地考察的觀摩學習。崑濱伯說，「有歲的人，嘛未凍停留在以前的頭腦。嘴沒智識就不能黑白講。」

五月的這一天，光是契作農友就得包下三輛遊覽車、十三張用餐圓桌，一群人浩浩蕩蕩來到「屏東科技生物園區」，研究微生物菌培養、有機種植，與當地農友經驗交流。

當然，費用全由黃麗琴買單。

吃好米，芳榮出品有信心！

芳榮米廠的米，每一粒米都有農改場身分證明、保證血統純正。回歸到吃飯的享受，無論是白米或糙米，單吃米飯就無敵好吃。

禾家米

無米樂冠軍米，煮熟後芋香四溢。台農七十一號的原生純正身分，有糙米與白米兩種。糙米很讚，吃起來跟白米一樣好吃。

無米樂草編禮盒

環保人文的稻草編籃設計，國家級肯定的最佳伴手禮。採用台農七十一號益全香米，米粒光澤與香Q度，都與越光米不相上下，是台灣加入WTO後，政府用來對抗進口米的秘密武器。

有機有米樂

台梗二號，無化肥施做，挑戰沈勸阿嬤拔草指數的第一塊有機田；也是農民改變生態種作觀念後，從無米也樂，進入「有米樂」的最佳見證。煮粥一級棒！

禾雁米

鴨間放養、鴨稻共生的天然米。台南十四號糙米。連小鴨的終老、晚年的寓所，芳榮都一樣用心。

無米樂彩稻米

自然農法管理，從綠色稻浪中種出紫色彩牛，接棨無米樂精神：環境愈不好，樂天知命的農民卻愈能抗壓。彩稻米口感十足，彩繪的意象、深具故事性的送禮意涵，好吃又價格實惠。

來台南後壁菁寮：必遊景點、必買好物！

後壁菁寮聚落擁有台灣僅存的嫁妝老街。百年建築、老街古意、農村采風、傳統店鋪相互輝映，盡現人文發展歷史脈動，也是許多連續劇、偶像劇最愛的拍攝場景。

無米樂崑濱伯的家。冠軍米的匾額、超親切的崑濱伯本人、可愛的崑濱伯母，堪稱是無敵銷售員。必買的「禾家米」或「禾雁米」，過年期間單日就賣出了三百包。

無米樂煌明伯的家，芳榮農友。彈棉被、手工棉被可是煌明伯的老手藝，花布抱枕、提袋，成了新流行。「作棉被一靠良心，二靠技術。」選條好棉被，蓋久了也能翻新。

瑞祥伯，也是芳榮農友。他用一輩子的時間，珍藏來自歐洲各國、日本、東南亞的華麗老鐘，多數具有百年歷史，甚至有三百年以上的超級古董。瑞祥伯的熱情解說，肯定讓你遺忘了時間。

豐昌商行

隆泰棉被行

瑞榮鐘錶店

金德興漢藥舖

菁寮嫁妝街

墨林文物館

建於乾隆年間的閣樓式建築，藥舖內陳列藥缽、藥櫃、藥罐等近百年文物，木窗、樑柱，切割精準細膩，牆面雕飾、彩繪層次豐富，二百四十年的文化資產、風華猶存。

濃濃的老街古意、街屋風情，有著自轉車店、舊式販仔間（販夫走卒的平價通舖旅社）、老布行、老餅舖，幾步路遠還有老西服店、打鐵店、鉛桶店，過去甚有數家酒家與戲院，熱鬧可見一斑。

村長為守護在地文化資產，積極協調保存數百件診療用具，重現當時居住於此之梁醫師的懷舊生活。此外，菁寮名稱原來自「青仔」，一種染料樹，此地也呈現在光復前後，藍染與藺草編織的全盛紀錄。

日治時期興建，當時頗具規模的碾米行，檜木製作的大型碾米機為全台碩果僅存。雖傳統碾米已歇息，仍大方開放民眾參觀。

舊式風情的冰果室，就位在崑濱伯「豐昌商行」的對面。夏日炎炎，許多當地阿伯不忘來盤香蕉冰或喝杯冰紅茶。

超過七十年歷史，第三代的手作老職人專注在小小一支鵝絨耳掏（耳扒子）上。無論是老師傅的職人姿勢與用心，以及使用器具，總是讓人感動不已，不買對不起自己。

普立茲建築獎得主，特佛伊德波姆（Gottfried Bohm）設計。四座金字塔與圓錐形建築，據說靈感來自稻草堆式的草寮，錯落在稻田、傳統低矮的閩式建築中，相當顯眼，是菁寮著名地標。

義昌碾米行

和興水果部

雨美理髮店

菁寮天主教堂

萬味香醬園

文林伯與牛車

冰糖醬鴨

茄芷阿嬤

雙雞牌豆油系列，遵循古法純手工釀造、無防腐劑、人工甘味。辣椒醬餘韻迷人，更為其一絕，極適合羊肉爐與薑母鴨。

樸實無華的文林伯，也是芳榮農友，仍經常開著老牛車、在社區裡帶著老牛散步。如果先向「無米樂促進會」預約，還可以在牛車上享用體驗「割稻仔飯」。

真材實料，微甜不鹹，價位合理，一盒五十至一百元起跳，一直都是團購熱門商品。

路邊常看到阿嬤們在自宅前車縫古早味茄芷袋。這裡就是台客袋的原鄉，紅綠白尼龍勇壯耐用，反差搭配就是有型。

△好吃米有好包裝，成了熱門伴手禮

台灣農民的平均耕作面積是一公頃，美國是一百至兩百公頃，高出數餘倍的經營成本可想而知。黃麗琴認為，「如果沒有特色、差異化，就沒有辦法競爭。」以前只要面對米行，就能穩定銷往生意攤或自助餐，現在則要面對需求不穩的小家庭，「所以要常常跟消費者互動、建立認識與信任……，慢慢支持我們的產品。」

於是，黃麗琴從台北找到了知名設計師，替「無米樂」包裝禮盒進行設計，力將品牌推向精緻農業。結合農業文化與人文精神手編稻草包裝，一躍成為眾所矚目的焦點，打開養生市場、精品市場、節慶伴手禮與企業認購。

雖然行銷永遠嫌不夠，品牌認知則推向電話與網路訂購，成為「芳榮米廠」的銷售主力，回購力高達七成，北部地區定期宅配戶就高達一千兩百戶。「芳榮」也把通路利潤還諸生產者。因為契作農友

MORE

煮一鍋好吃米飯有撇步

要如何煮出一鍋好吃的米飯，其實從買米、洗米、悶飯，都有撇步的。首先，買米要挑選在地有身分證明的用心好米，安全又好吃。洗米只要輕快洗米兩三次，米和水比例約一：一‧一，並浸泡約二十分鐘。之後就可以悶煮，當電子鍋開關切斷後，建議再續悶十五分鐘，讓米粒含水均勻。還有一個重要步驟，就是用飯匙翻鬆白飯，讓多餘水分蒸發，再續悶五分鐘，就可以吃熱騰騰的香Q米飯囉！

另外，米粒無論開封否，盡量在半年內吃完。高溫高濕容易導致蛋白質變質或發霉，密封放在冰箱、儲存在陰涼乾燥處，或是放在「肚子」裡，才能保證新鮮。

本身就是業務員，有了消費者面對面、實際購買行動的鼓勵，農友種起來就「更帶勁」。

成功關鍵6：扮演火車頭角色，讓農村再生、社區活絡

整合農民與社區居民並不容易，倚著長年與農友、社區綿密互動的默契，「芳榮米廠」建立起絕佳的信任關係，扮演著社區活化與農村再生的火車頭，加以公部門資源的挹注，非營利組織如台大城鄉基金會等投入社區營造的協力，不僅活化歷史人文資產，也帶動起文化觀光與古物保存，更觸發了原本休耕的土地再利用，以及農作面積再擴種。

△社區再造，重現農村好時光！

二〇〇六年，崑濱伯率先將總冠軍的一百萬全數捐出，以及之後陸續拿下全國稻米競賽的農友也共襄盛舉，「芳榮米廠」同時每年提撥利潤二十萬元資金，促成「無米樂稻米促進會」的成立，張羅文化活動、聯繫社區情感、辦理種作體驗，推動古宅保存再利用、米食文化振興。

距離「芳榮米廠」不遠處、緊鄰崑濱伯農地旁有塊三分地大的廢棄地，曾經被倒滿垃圾及玻璃碎片，「無米樂稻米促進會」發動里民整地、供人認養「入穀」，四年多後已成良田、變身為「無米樂稻米體驗園區」。標示認領民眾大名的手牌還插在土地上，等待海內外穀民挽袖插秧收割、享用「割稻仔飯」，時或義賣捐贈「家扶中心」資助弱勢學子、或是捐贈白米支持社區開辦「老人餐廳」，引起各界熱烈迴響。

「幫助農民走出去，讓人家尊重。」張美雪就是憑著這股傻勁堅持，致力結合「人物地產景」，將「無米樂」精神不斷延伸，開創出農業之外的產值：無論是從綠色稻浪種出紫色水牛的「彩繪稻田」，或是林書豪、崑濱伯、海綿寶寶造型的「稻草人大賽」等，都屢創亮點，吸引多方媒體、部落

客前來報導，召喚各家企業參訪、家庭親子休閒慕名而來，每月高達兩三千人次的旅客都來到了這個「無米樂」幸福故鄉攬勝。

△至少還有一鍋米

稻米不僅僅是食物而已，還蘊藏著對土地最深的情感，文化的歸屬與自在。當低價農糧侵入各個糧食進口國，就是癱瘓基礎糧食命脈基礎的開始；甚至當大量農地遭受剷除，在戰爭爆發、環境變遷、作物歉收之際，再高產值的高科技也換不到糧食，更何況農村價值體系、土地文化的臍帶早已斷根抽離，將是你我都不樂見的。

「至少我們還能煮一鍋米，請大家吃。」黃麗琴謙虛說小企業能做的有限，「就是把米賣出去，陪著他們一起走。」當然，現在的崑濱伯不需要再暗夜扛著微濕稻穀入屋，眼神含淚不捨，米價與需求早已受到市場的肯定。

日正當中的用餐時刻，「禾家米」軟糯香甜，湧出眼角泛淚的感動。「你哪呷三十嘴的飯，有一嘴是我種的。」崑濱伯退居品牌背後與農友共享，「芳榮米廠」也總把榮耀歸給社區與農民，但品牌與用心卻讓稻米更有尊嚴，農村幸福因而呈現了不同風貌。

一個村落，一個縮影。當生活尊嚴得以復返，兼顧生活、生產與生態的農業文化就能夠回歸。而土地需要的，只是呼吸。

【不一樣的做事態度】

「以前割稻、曬穀、儲存、扛送，都是農民的工作。現在農民年紀愈來愈大了，體力無法承擔，碾米廠要擔負起更多的責任。」黃麗琴謙虛說能做的很有限，就是把米賣出去，不讓老農們孤軍奮戰。

右圖：化身崑濱伯分身，比真人還真的稻草人，默默看顧著耕耘的土地。

左圖：感恩惜福插秧樂。歡迎入穀，學習謙卑、尊重自然，體驗稻米種植。

下圖：這就是尚讚的感覺。歡迎來趟無米樂幸福農村小旅行。

《芳榮米廠》的挑戰×創新

⊙勇於挑戰的難題：

1. 大環境惡化：台灣加入WTO後，面臨到來自國際農糧競爭，第一線的農民首當其衝，甚至被迫休耕、轉業，嚴重影響整體農業結構，農村與社區的發展更是面對著前所未有的挑戰。

2. **農友轉型瓶頸：**政府保價收購的公糧制度下，絕大多數農民只能追求產量自保，不具動機改善品質、競爭力無法提升，農友們更無法得到和勞動力對等的經濟回報。

⊙創新的解決策略與經營模式：

1. **經營策略創新：化被動為主動的市場出擊**

「芳榮米廠」整合稻農、碾米廠、行銷公司的多方溝通角色，將農糧的「生產導向」扭轉為「市場導向」，從「追求產量」到「講究品質」，種出冠軍得獎米，將稻米直接推向消費市場競爭。

2. **生產策略創新：源頭式制度化管理**

「芳榮米廠」一肩扛起田間教育、種作技術、資材採購、產銷履歷、行銷包裝的源頭式制度化管理。因為透過共同採買資材、共同管理等，不但可降低成本，又有助於增強品質競爭力，更可以讓農民每公頃收益也比起過往增加兩成。

3. **社會工程創新：社區活絡、農村再生**

「芳榮米廠」將經濟營收投注社區再造，凝聚在地認同進行環境綠化美化、應用創意舉辦諸如嫁妝文化節、入穀農情體驗、活化老街人文資產，在在吸引公部門或多方媒體注意，打開正港農村觀光商機。

DATA

芳榮米廠

成立時間：

一九二六年創立之老米廠，二〇〇五年推動「芳榮稻米產銷專區」。

傳統米廠轉型垂直整合，改變過往產銷模式，帶動農村再生、在地發展。

地址：

台南市後壁區頂長村一號

網址：

http://www.happyrice.com.tw

哪裡買得到：

可從網路訂購台灣在地好米，或走入產地，認識拜訪農友、直接購買。想向「芳榮米廠」訂購好米，或是體驗插秧、收割、收成認購的「有米樂」土地認養，請電洽：〇六-六六二二七四九。

個案延伸討論　讓夢想發光的創新與挑戰

1. 你的夢想是什麼？

「芳榮米廠」對於農業與農民處境的變化感同身受，促使他們重新定位自己，進行產業整合再造。那呼喚你內心深處的使命又是什麼？如果還沒有，現在就開始想一想？

2. 對於所要投入解決的社會問題或服務對象，了解有多少？

農業、農民、農村三位一體的共生，讓「芳榮米廠」進一步走入社區營造、發展農村經濟。不妨現在就走入社區、收集情報，看看可以怎麼做？

3. 檢視自己的優勢和專長是什麼？

兼營資材販售的「芳榮米廠」，在整合農友、推動新技法與落實田間管理之際，發揮了關鍵性的作用。想想看，自己有什麼優勢和專長能讓助人事業有好的開始？

一粒咖啡豆的消費革命

生態綠

文・吳宗昇、梁瓊丹

徐文彥、余宛如是一對勇於衝撞現有體制的革命夥伴，
他們想著，若能讓每天花錢這件事，
成為改變世界的動力，豈不是太美妙了！
於是熱血創辦了「生態綠」，
引進台灣第一粒公平貿易咖啡豆，
這粒高貴不貴的公平貿易咖啡豆，
找回了被商人剝削的環境、社會、人力成本，
未來，更希望在台灣複製這套良善機制，
解決對小農不公、消費者不義的食物問題。

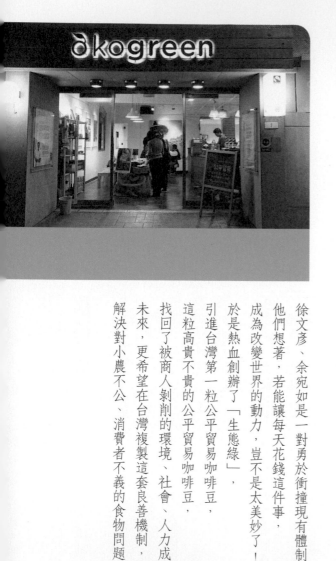

關注
領域

公平貿易、食物運動

走進台北市銅山街徐州路的交叉口，出現一家外觀紅綠相間的咖啡店，店外還掛著開幕的大紅色鳳梨。稍早，這裡舉辦過一場記者會，從雲林台西來的文化工作者，大聲疾呼政府不應該拆除貝殼公園，破壞生態和文化建築。

店內有開放式的吧檯，不規則形狀的大原木桌子，很適合一群人愜意的討論。往前走，有幾個開放式辦公桌，各種文宣和海報到處堆放。後面一眼可見的是數十袋的各式咖啡生豆，來自宏都拉斯、秘魯咖啡豆袋子堆在旁邊。

拐個彎下樓，像是一個文化研究室。裡面有簡報區、數十個座位、放映設備，還有不少各式社會運動的文宣。不知情的人，恐怕會誤認為這是一個非政府組織（Non-Governmental Organization, NGO）的秘密基地，正在進行某種改革社會大業的籌畫。

許多慕名而來的年輕大學生，端詳著一整排的紀錄片DVD和公平貿易商品。角落年輕人討論的是基本工資和時薪制度該如何改革，兩位年輕小女生盯著門口的富士康女工文宣，把玩著女工手作的花花綠綠拖鞋。

創辦人徐文彥和余宛如在堆滿咖啡豆和訂購單的辦公區回信，專職員工阿保在一旁挑咖啡豆，把那些瑕疵的豆子集中起來送給生態組織當肥料。這一年，採用公平貿易豆的咖啡店急速增加，包括誠品書店和許多大學都開始出現公平貿易商標。台灣公平貿易運動，正如火如荼的展開。

革命首部曲

就是要向現有商業機制挑戰！

革命理念1：讓生產者、消費者、世界都變得更公平

很難想像五年前，台灣沒有公平貿易認證商，在全

世界公平貿易地圖上是空白的區域。現在，台灣從南到北都有公平貿易的銷售據點，微小但生氣蓬勃。這一切的開始，來自於徐文彥、余宛如兩位年輕人的自我反省，思考該如何讓花錢消費這件事情，成為一種社會正義的行動。

徐文彥，大學唸的是社會學，一路參加各種社會運動，之後進入立法院擔任辦公室主任。余宛如，唸的則是經濟學，曾在立法院和外商上班，是個標準的亮麗上班族，擁有倫敦亞非大學（The School of Oriental and African Studies, SOAS）飲食人類學碩士學位。她說，「原本我是個安分守己的上班族，薪水超過三萬五，三不五時就會去喝星巴克咖啡犒賞自己。可是跟徐文彥在一起後，他每天都跟我講什麼勞動剝削的事情，久了以後，我就會去思考一些我以前不會思考的東西。」

二〇〇六年，徐文彥騎著腳踏車上觀音山，和另一位現在的「生態綠」股東，在閒談中提起了公平貿易，讓他想起以前關於血汗咖啡（註一）的事情，而自己愛喝的香醇咖啡背後，就隱藏著無數貧困家庭的故事。「沒錯，這就是我想要做的！不能只是批判和抱怨，應該採取正面的行動，勇敢的向不合理的商業機制挑戰。」徐文彥語氣肯定地說道。

徐文彥說：「我想做的不是生意，而是一種改變市場體系的工程。唯有改變這個體系，相互剝削的循環才可能有終止的一天。」

△賣的是一種公平的理念和制度

接下來一整年徐文彥都在做公平貿易的研究，很快的就把積蓄花光。余宛如則繼續工作，部分支援徐文彥的支出。當時，徐文彥善意地騙余宛如說，自己在外面零星打工接專案，勉強能活得下來。暗地裡，他用手上的信用卡維持生計，東挪西補裝出沒事的樣子。訪問那天，徐文彥低聲跟余宛如說：「那一年，我壓力真的很大。」

經歷這次事件，徐文彥決定自己申請認證執照。

右圖：「生態綠」的內部空間，隱隱充滿著變革、挑戰的氛圍。

左圖：「生態綠」創辦人，徐文彥（左）、余宛如（右）與人權律師 Dean Cycon（中，《來自咖啡產地的急件》一書作者）合影。

他寫信給國際公平貿易標籤組織（Fairtrade Labelling Organizations International, FLO），詳細解釋台灣的情況，對方也很快善意回應。然而，取得認證執照之後還有重重規定，包含支付數萬元固定年費、繳交銷售報表、提出營業額的一％作為商標授權費，統籌作為公平貿易標籤組織社會發展金；當然，更要保證以合理的價格收購咖啡豆……。終於在二〇〇七年，徐文彥以「生態綠」為名，取得了公平貿易特許商的認證授權。

徐文彥卯足了勁自己開發程序、找股東、找店面、進口豆子、學會計、學煮咖啡。很辛苦、非常辛苦，第一年每天只能睡三、四個小時，半夜挑豆子挑到眼淚都快掉下來。可是徐文彥和余宛如都異口同聲，說能做喜歡的事很幸福。

他們從來沒對外講過這段往事，幾百場的演講都沒說過。他們不想賣給社會悲慘的故事，也不想透過同情的投射照顧他們。他們要賣的，是一種理念和制度，是一種可以讓社會變得更公平，對消費者和

許多學生客人，聚集在「生態綠」的原木桌前，恣意討論。

生產者都公平的產品。這個產品，就是公平貿易。

革命理念2：訴諸制度來改善農業困境

公平貿易企圖解決全球貿易失衡問題，採取承諾保證價格，購買弱勢國家生產者的產品。但是，徐文彥和余宛如想引進公平貿易，其實是來自對台灣農業問題的反省。

二〇〇五年的徐文彥，投入一連串農業專案調查、舉辦攝影展，發現當時農地非農用的狀況已經非常嚴重，鄉村道路旁盡是樹立著「農地買賣」的廣告，農地大量流失。

放眼世界各國如歐盟、澳洲，大力扶持農業、甚至呵護如國寶，在於其產業能推展出更好的生活品質與經濟發展（澳洲諸多有機護膚、食品品牌），有機農業是一片美麗風景。

反觀台灣，科技業老闆嫌農業沒產值、政府也嫌農業不能創造GDP，小農普遍的心聲是覺得從農沒前途，「除了賣地之外，還能有什麼選擇？」

△

借鏡國外經驗，成為利己又利眾的善循環

徐文彥回想起在英國見到的公平貿易商店，於是開始參考國外公平貿易發展的經驗。整合了農業運動與產銷體系分析，他發現：「台灣的單位面積農藥使用量為全球第二。」而有機認證與公平貿易認證，雖然同樣強調對環境友善、創造市場規模，但其中的關鍵差別就在「風險分攤」。

小農們等待進入有機通路前的三至五年轉型期，必須自行承擔風險。但公平貿易則是一旦進入體系，就必須用規範內的收購價，甚至高於市場價格與農民交易，其中包含合理的勞動成本、環境成本，給予農民合理的報酬。

「環境成本」意指，得以要求農友不使用農藥、改變耕作方式，三至五年後農民便可以自然而然轉型使用有機的耕種方式，最後申請有機認證。農友轉型的成本，等於被消費者或公平貿易商承擔。最顯著的案例就是咖啡，全世界八十％的有機咖啡是公平貿易體系生產出來的。

公平貿易強調的重點是，消費者不該只是要求「利己的健康消費」，因為希望有什麼樣的生產，就要對應到什麼樣的消費，當消費者能夠透過消費力量改變社會，那將會是一種更長遠的利己又利眾的良善循環。

革命二部曲

促成透明又公平的市場機制

革命行動：立志扮演台灣公平貿易的推手！

農業運動的發展，除了訴諸土地感情與生產者的動人故事之外，如何建立一個好的產銷體系，透過政

策與制度系統性解決農業問題，是過去從事政治幕僚的徐文彥所思考的方向。

因此，他認為引入國際公平貿易認證體系、向國人介紹好的認證系統，建立一個生產者、消費者、通路商集結的良善市場，應能有效解決生產者貧窮、消費者權益、生態保育等問題。

△

認識公平貿易①：追求共好的交易機制

徐文彥認為自己想追求的理想與「公平貿易」相當類似：生產者間不是互相競爭，而是互相分享提攜，建立起商業模式的合作組織，有效擴大規模與強化能力，再從銷售利潤中得到平等回饋。因此，「公平貿易」值得學習的不只是販售模式，而是「透明、公平的交易機制」。

徐文彥認為，「消費者才是最關鍵的。」消費者買有機商品的動機，有許多人是要吃得更健康，鮮少是以保護土地生態環境為出發點。

於是，徐文彥看到公平貿易背後更具「倫理消費」的高度意義：涵蓋有機、保育與公平，消費、生產與商業系統，有如生態系般環環相扣。

如果期待生活環境改變，消費意識就需要改變，做出對應生態倫理、土地倫理與社會倫理的消費行動。因此，他認為追求共好的公平貿易機制，可以促使愈多的消費者願意改變、創造需求，當然就能創造出願意供給的生產者。

△

認識公平貿易②：保證收購價，讓社區合作、利潤回流小農

相較於一般農產，咖啡的低風險、高附加價值，又沒有生鮮耗損與高物流成本、系統化供應等進場阻礙，足以減輕財務重擔、先鬆口氣，於是徐文彥與余宛如開始放心投入「生態綠」。

咖啡，這個期貨市場上僅次於石油的第二大商品，成了台灣社會認識「公平貿易」與「倫理消費」的

右上：進口麻布袋上清楚寫著公平貿易認證標籤。

右下：秘魯公平貿易合作社的農技輔導員，一天至少要拜訪四到五家農民，討論種植狀況，天天翻山越嶺。

左圖：印尼公平貿易合作社的挑豆工作，絕大多數都是由人工挑豆，因為很多小型的合作社買不起挑豆機。

起點。就社會經濟的發展角度來看，「公平貿易」有兩項重要機制保護生產者，分別是「社區合作」和「利潤回流機制」。

時下「公平貿易」一詞很熱門，但不是直接跟小農買，或是給小農高於市價就是公平貿易。「公平貿易組織，其實不做買賣，而是輔導。」因此，公平貿易組織輔導農民合作社如何入會和檢驗運作方式合乎規範、稽核公平貿易商和公平貿易製造商，確保消費者買到的東西是百分百促進小農合作的「公平貿易」。

因此，國際公平貿易標籤組織在機制上，對生產者組織提供「社區發展金」財務支持，包括建立基礎設施，並提供合作社成員技術性訓練、增強生產與管理能力，甚至需要時提供低利貸款，也倡議消費者以「合理價格」向生產者購買公平貿易標籤的商品。

也就是說，「保證收購價格」讓農民免除價格波動的傷害，防止不肖中間商剝削；同時也透過認證體

右上：國際公平貿易標籤組織來台，稽核銷售等相關文件，確保流程中百分百公平貿易。
右下：余宛如與秘魯當地咖啡女農和小孩合影。
左圖：徐文彥至秘魯，拜訪、採購公平貿易可可。

系的稽核，確保農民以友善環境的方式進行耕種，也保護了消費者的健康。

△認識公平貿易③：賦權脫貧，找回被剝削的環境、社會、人力成本

許多消費者認為，公平貿易價格比市面上其他商品昂貴，「對消費者不公平」，並認為這違反市場供需自律的原則。其實，價格貴不貴，跟剝削農民無關，這個機制反映的是：長久以來，一直被剝削的消費者。

因為，公平貿易找回的是，消費者被剝削走的「環境成本」、進了大資本家的口袋的「社會成本」、拚命壓榨勞工與迫害生存權的「人力成本」，那些消費大眾已經付出、卻無法等值回收的諸多代價。

回到商業運作本質，重新檢視商人角色，應該是促進資源流通、提供專業技術加值。「商人不是壞蛋，而是我們不應該當壞商人。」徐文彥認為問題

在於不肖資本家，在資源使用過程中，無限濫用了公眾的權利。

然而，透過「公平貿易」，農民的「權力」卻變大了。

不同於有機認證，「公平貿易」認證的不是商品，而是「賦權脫貧」的機制。堅持環境友善，把合理的報酬實際放入農民手中，關注禁用童工、性別平等、民主合作社等人權發展。公平貿易的董事會裡，農民必須有五十%的席次（倡議者與貿易商，則合佔另五十%），有參與決議與議價的絕對權力。因為對收購價有一定的規範，業者就再也不得用「破盤價」向農民收購。

因著公平合理的基礎進行買賣，農民有了「議價權」，各地就會開始彰顯出特色或品質。最終，農民和消費者因而產生正向循環：不再為價格拚命，而在品質上競爭，「消費者毋須再被剝削」，得以用相近價格購買到高質量商品。

△認識公平貿易④：消費意識的覺醒，而非一時的贖罪券

台灣過往對於「公平貿易」一詞陌生，因而在這套體系中，「生態綠」同時扮演「貿易商」、「咖啡供應商」與「公平貿易倡議者」等角色。徐文彥和余宛如對於「生態綠」的經營策略是，先取得公平貿易商認證，同時強化消費者認知，最後則發展在地區域性「倫理消費」的認證機制。

雖然徐文彥也可以個人直接進口咖啡豆，可是「生態綠」選擇先經過認證，讓台灣成為國際體系的一份子。「認證，是一種國際行動，代表台灣加入這個陣營。」雖然成本更高，還得接受國際組織嚴格的稽核，但是徐文彥認為一旦形成公民行動，消費者就會團結起來，不只在公平貿易上，也會在環境等其他面向產生影響，關心公平正義。

徐文彥希望主動邀請消費者加入公平貿易這個陣營，不再為了愛心而買，也不是因為感動而買，才不會把購買公平貿易商品當作慈善「贖罪券」。

MORE

「生態綠」如何做到產銷透明化！

「生態綠」每季必須向公平貿易組織提報各項營收數據，內容包括進口量、盈收、生產損耗量等資料，諸如產品上下游履歷，向誰進口、如何烘焙、如何包裝處理最終，甚至到最終消費者之手等每個階段，都藉著透明流程建立起消費者信賴感，確保百分百公平貿易。

「生態綠」在公平貿易標籤組織中屬於「低風險」（low risk）企業，因其百分百採用公平貿易產品，不會與非公平貿易豆進行混搭填充販售；其次是貿易額小而穩，不至於構成太大風險。近三年公平貿易標籤組織來台灣稽核兩次，「生態綠」皆通過稽核。

公平貿易的模式

認證確保了生產者的權益與消費者的感情

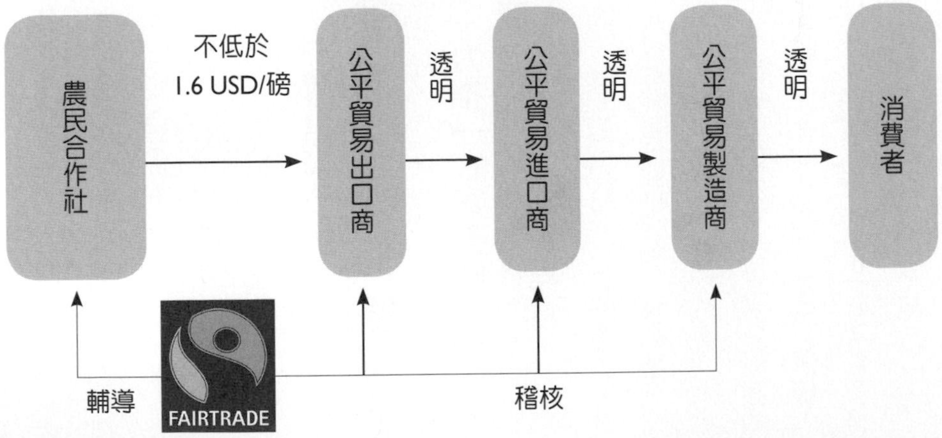

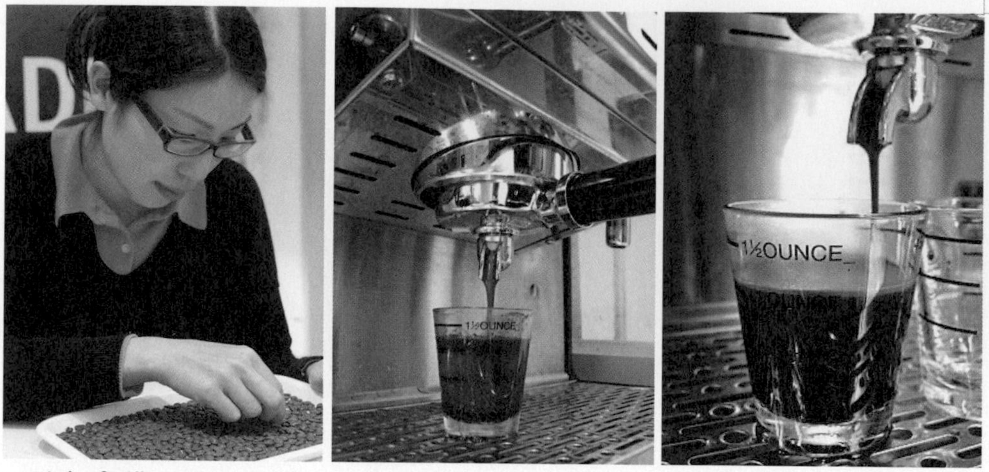

右、中圖：新鮮豆萃取後會有滿滿一整杯赭紅色creama。
左圖：「生態綠」五大百分百堅持之一：手工挑豆。

徐文彥說：「我可不想搞社會運動一輩子。我真正想做的是改變體制，讓資源分配合理化。」強調希望大家清楚認知到消費的力量，消費意識的改變才是關鍵。

革命三部曲

從公平貿易到倡議食物運動，一脈相承！

革命倡議1：力推「在家煮咖啡」、「公平貿易茶水間」

徐文彥直言談到：「一般消費者常見的迷思，就是迷信舶來品，但是經過長時間運輸，陳列架上又是數個月，咖啡怎麼可能好喝？」曾經有客人向徐文彥表示，會買「生態綠」的咖啡豆是因為外面的店很少會打上烘焙日期。徐文彥認為這是對消費者保證咖啡的新鮮度，而絕大部分的市售咖啡都只標示保存期限，保存期更長達十八個月。

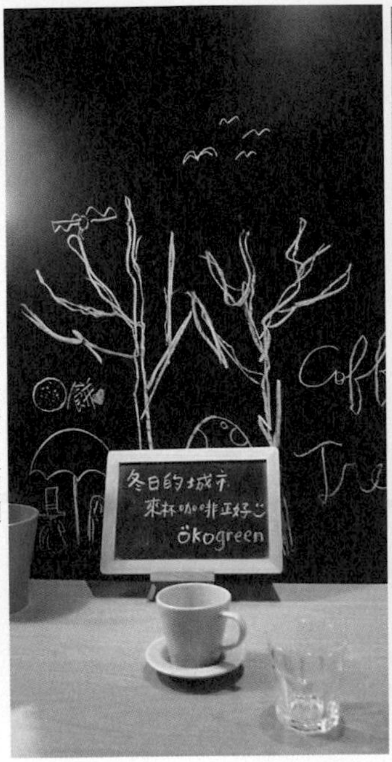

右上：新鮮就是好喝。看看咖啡豆烘焙後四週（左）與四天（右）的差異。
右下：自己沖咖啡翻轉食物產銷體系。選擇公平貿易認證掛耳咖啡包，也能隨時溫暖你。
左圖：一杯公平貿易咖啡，友善了土地，更溫暖了咖啡小農與消費者的心。

「生態綠」的公平貿易咖啡有五大核心堅持：百分百公平貿易、百分百新鮮烘焙、百分百手工挑選、百分百阿拉比卡、百分百當季嚴選。在原料、技術、新鮮度的要求下，善待生產者與對土地的要求就愈重要，而這一切靠的就是「透明化」的檢核。

徐文彥認為應該讓消費者享受舌尖咖啡之外的咖啡世界，像是學習自煮、烘焙、分辨生豆來源品質，盡情享受咖啡樂趣。

除了向消費者倡導「在家煮咖啡」之外，「生態綠」針對企業客戶提供「公平貿易」與「如何煮咖啡」的兩次免費課程，希望「公平貿易茶水間」能蔚為風潮。

經過這幾年來，「生態綠」在校園活動、企業講座等的推波助瀾之下，「公平貿易茶水間」、「在家煮咖啡」等主張已經慢慢形成影響力，將有助於消費者奪回選擇喝好咖啡的自主權，更重要的是能將整個產銷體系重新轉換，鬆綁被主流廠商的口味牽制，真的很有說服力。

△喝杯公平貿易好咖啡只要十幾元

以某知名跨國連鎖咖啡店販售的一般咖啡豆與沖煮標準為例：一杯咖啡標準匙，咖啡豆用量約十公克。買包某知名連鎖咖啡品牌的包裝咖啡豆，以一包二百五十公克裝的三百六十元咖啡豆（依豆種口味不同，價格也有別）來說，可沖得二十五杯，換算下來每杯約十四・四元。由此可知，在家煮咖啡當然比較便宜。

想要提醒的是，連鎖咖啡店或超商咖啡，採取全自動咖啡機，按個鈕，香醇咖啡隨即奉上，動輒百元，最便宜也要四十元，讓人最不放心的是咖啡豆的來源和新鮮度都不清楚。

如果買公平貿易咖啡豆，不但來源清楚、新鮮又好喝，更可以幫助第三國家種咖啡的小農。以買包「生態綠」的瓜地馬拉薇薇特南果咖啡豆（二百五十公克／三百八十元）來說，採用高品質、高品質的阿拉比卡豆所調配，兼具有可可香和煙燻香，而且喝一杯公平貿易咖啡，也只不過區區十幾元！

徐文彥對自家產品非常有信心地說，如果使用「生態綠」在地新鮮烘焙的公平貿易咖啡豆，簡單濾煮就能留下咖啡充沛油脂、香氣驚人好喝之外，甚至比罐裝咖啡還便宜！

革命倡議2：改變食物產銷供應鏈

「生態綠」主要營收來自公平貿易咖啡豆批發（咖啡館餐廳）、企業客戶（推廣公平貿易茶水間）、市場大通路販售，並接受「誠品」等自有品牌ODM代工。

走過第四年平衡點的公平貿易推展，不僅是倡議消費倫理的實踐，更是一種對食品體系的省思、對食品過度加工、農業工業化的批判。

△成立好樣綠生態農產品銷售平台

「生態綠」有一個更大的企圖：推展食物運動。如同英國名廚傑米・奧利佛（Jamie Oliver）推廣健康飲食

MORE

「生態綠」咖啡，香醇又好喝！

「生態綠」五大百分百堅持：阿拉比卡、公平貿易、在地新鮮烘焙、手工挑選、當季嚴選，品質保證不在話下。在此，分享「生態綠」的衣索比亞耶加雪菲、迦幼山曼特寧、瓜地馬拉薇薇特南果等三種香醇好咖啡，讓你悠閒喝杯咖啡的當下，就等於在幫助小農和生態了。

衣索比亞耶加雪菲

推薦理由：柑橘香、甜度高，餘韻綿延。

受益情況：獲益於公平貿易，將七十%投入在提升生產能力與設備上，三十%投入於「社區改善計畫」，實際成果包含建立四所學校、二十五間教室，讓五千多位小朋友有書可唸；建立乾淨飲水系統，終結過去因髒亂水源造成三千多人死亡的慘劇。已新建四個醫療診所，縮短六千多人接受診療的時間。

迦幼山曼特寧

推薦理由：口味濃郁滑順、醇厚回甘。咖啡產地Takengon是亞齊境內關鍵分水嶺，也是瀕臨絕滅的物種避難所。

受益情況：獲益於公平貿易，該合作社成立兒童教育基金、購買提升咖啡品質的生產設施、將註冊成員納入社會保障計畫，並導入有機種模式，幫助當地小農面對水源污染、土壤侵蝕、物種消失與貧窮的挑戰。

瓜地馬拉薇薇特南果

推薦理由：味道均衡、具可可香與煙燻香。

受益情況：該公平貿易咖啡合作社具有四十多年的歷史，共有二萬名註冊會員。公平收購價格為合作社的小農們帶來的好處包含：購買了新卡車解決運輸問題，提供農民先期微型貸款、建立基礎醫療與學習，以及供應乾淨的水源等。

由「生態綠」推動成立的「台灣公平貿易協會」、「好樣綠平台」。（畫面分別擷取自網站首頁。）

運動一樣，一旦從食物開始反省，就會想要改變供應鏈、農民的生產方式、土地的經營方式。

「一開始，我們真正期望是做農產品，但是我們還沒準備好。」徐文彥原本預計在五年後累積足夠企業客戶與通路時，從咖啡推展至在地農產行銷。但在「生態綠」成立一年半之際，時逢八八水災（二〇〇八年），讓兩人覺得更是急迫的進場時機，於是開始與「綠農的家」、「利群會社」、「企業社會責任協會」等單位共同成立「好樣綠生態農產品銷售平台」（以下簡稱「好樣綠」），鼓勵民眾用消費做出對環境最正確的選擇，直接幫助農友復耕。

「好樣綠」選在八八水災後的第八十八天發起，希望喚起大眾對環境災難的覺醒，以用心小農食材取代原有選擇、或產銷供應鏈，因為食物就是對於農業環境的積極參與。

徐文彥回憶說道：「也許通路不夠成熟，但『好樣綠』卻開啟了『生態綠』參與全面性『食物運動』的契機。」

「生態綠」的開放式吧台。無論是一杯咖啡、香蕉蛋糕、巧克力餅乾，都是無毒健康的食材現作而成。

革命倡議3：尋找真食物，翻轉食物產銷機會

原來徐文彥和余宛如關注的是：「什麼是真食物（real food）？」既非餐廳、咖啡館、火鍋店裡的半成品組合；更非食品工業化思維裡，大量生產、降低成本、快速運作的加工品。食物是有生命的、和環境緊密相連，因而延伸「好樣綠」公平消費支持農民、復育台灣土地的精神，邀請了法國藍帶主廚嚴選台灣頂級食材，融入台灣友善農民與環境的無毒水果等，製成了美味又公平的甜點，在店內販售。

△享受無毒健康，自己下廚！

這些甜點，可都是「生態綠」工作人員在開放式的吧台製作的，無論是「一根香蕉變成一塊蛋糕」、「公平貿易可可，變身巧克力餅乾」，消費者都可以親見原料變成「成品」的過程，除了生產技術的自信、食材安心看得見之餘，背後想證明的是：如果一個小小吧台可以，「你也一定做得到！」

從不吝於將自煮咖啡、自製蛋糕的know-how揭密，徐文彥直指台灣農業問題關鍵：就在食物運動。「如果自行下廚的機會愈來愈少，農業是沒有機會的。」打個比方，在台北一個便當八十元，食材來源也充滿疑慮，但是同樣的成本如果換作自己煮，卻是「餐餐都可以吃到有機（食材）。」

於是，「生態綠」積極介入「校園食物運動」，呼籲校園開放廚房、鼓勵大學生拿起鍋鏟、強化宿舍廚房配置、檢視餐廳食材來源，積極找回「食物自主權」，更獲得了學子們的熱烈迴響。如同「在家煮咖啡」和「公平貿易茶水間」的理念，告別外食的昂貴、不健康，產銷體系因而得到汰換、良善的循環機制似也更見曙光！

革命倡議4：建構在地「倫理消費認證」

從在地反芻，自公平貿易，到倫理消費、再到「食物運動」。倡議摒棄加工食品、重視產地風土與農耕文化、關注食物產銷正義，「生態綠」都不只是一門生意，或只是高談全球貿易區域失衡。

緊扣住對土地的關懷與思考，借鏡公平貿易，建構出在地的「倫理消費認證」才是「生態綠」的終極目標。

望眼台灣友善小農銷售平台不斷崛起，然而混亂的生產規範、收購規範，猶如九〇年代的「公平貿易運動」擴展的瓶頸，「究竟誰比較公平？」「價格是否合理？」唯有清楚的認證機制與指標，才能引領進入主流市場，照顧到更多農民。

「台灣島內南北消費的失衡，雖非公平貿易的關注領域，但終究要回歸倫理消費的問題。」徐文彥細細解釋。那看似遠方咖啡小農的問題，其實映照著台灣在地小農的困境，因而如同「公平貿易」的歷史發展脈絡：消費者才是關鍵！

只能靜待消費意識的成熟、從友善收購者的個體自律，走向全體社會可接受的新規範，那麼在地「倫理消費」模式的建構也才指日可待。

△和「生態綠」一起坐大生意！

像是一場從商業發聲的社會運動，深入而實質的改變消費者認知。如果消費者開始迫使上游廠商調整利潤分配，創造出具反省力的飲食文化環境、實踐永續的土地使用，那麼這場運動就成功了。

即便市面上諸多主流品牌，都開始引入公平貿易商品，不免讓人擔心「生態綠」的倡議成果，將為他人坐收，甚至被資本化消滅。徐文彥則是大器回應：「歡迎大家到星巴克、無印良品購買公平貿易豆。」誠摯邀請消費者、業者一塊兒坐大市場，

徐文彥強調，公平貿易市場浪潮只會愈來愈大，「英國公平貿易可佔市場百分之二十呢！」然而這股浪頭，絕非靠現有業者如「生態綠」、星巴克去成就，而是要85度C、超商咖啡、以及全聯社等通路業者加入，才能風起雲湧。不怕大家跳進來瓜分市場，徐文彥甚至歡迎第二家、第三家公平貿易商，進入台灣、擴大市場。

「只要大家一起變大，讓公平貿易市場坐大，『生態綠』自然也會變大。」徐文彥的一語，既是樂觀卻又振振有詞、立論十足，原來消費者只要喝下一杯咖啡，實踐飲食反省，就足能讓環境土地充滿希望。

△比現在多做一點，世界就會大不同

早期在「生態綠」，有種令人神往的「象豆」。象豆體型巨大無比，比一般咖啡豆大上兩、三倍，篩選之初常被視為品質不良。象豆的體態不優美，但最後卻成為昂貴美味的高檔咖啡。可是象豆的挑選、烘焙，以及萃取的過程都不同於一般的咖啡豆，需要投入的成本和心力都有異於常態的豆子。

某種程度來說，公平貿易與社會企業的起源不正是如此？多樣性的食材與物種，曾被體系排除的弱

右圖：「生態綠」經常在店內舉辦各項講座、紀錄片放映、討論會。
左上：「生態綠」至印尼拜訪公平貿易咖啡農合作社。
左下：「生態綠」參與校園公義市集、公平貿易校園推廣活動。

勢，在先天或後天無法以標準勞動力檢視的人們，其實際價值和社會意義都遠超越所謂「正常」、「標準化」的想像。但是，只要提供友善環境、透過適當方式組合，最後就會產生不可思議的回報。

最後，關於「公平貿易」這件事情，到底對我們而言有什麼意義呢？

或許可以從生活開始做起。例如對鋁罐咖啡、工業化食物多思考幾秒鐘，想像裡面究竟有多少化學原料？

也可以從生活中、從工作場域，採用公平貿易的茶、咖啡、巧克力，甚至可以要求校園餐廳、鼓勵相熟的飲食店、麵包坊，多用友善土地、新鮮無毒的食材，讓彼此都能成為美食文化的創造者。

所以，只要從一杯咖啡、三餐採買開始，進行飲食的消費革命，世界將會大不同。

從咖啡、田玉拖鞋（右上，富士康跳樓倖存的女工田玉手編）、咖啡手工皂（右下），訴求一切「Must be Fair !」

註一：血汗咖啡，意指建立在剝削農民血汗、破壞自然環境的咖啡生產方式。當咖啡農業變成大規模工業化生產時，國際貿易商以量制價控制了咖啡豆的採購權，農民不得不以低廉的價格出售產品，所得甚至連應付基本生活的醫療、教育都不夠，因而陷入貧窮的惡性循環，自我剝削更多的勞動力或童工，生產更多廉價的咖啡豆出售，甚至以破壞自然環境的方式來取得更高產量。最後，農民的生存權利和環境都受到雙重損害。

【不一樣的做事態度】

「我想做的不是生意，而是一種改變市場體系的工程。唯有改變這個體系，相互剝削的循環才可能有終止的一天。」徐文彥倡議重視產地風土與農耕文化、關注食物產銷正義，讓「生態綠」都不只是一門生意。

《生態綠》的挑戰×創新

⊙勇於挑戰的難題：

1.環境市場體制問題：現行混亂的有機認證、標章、費用等進場門檻，中間盤商、通路商層層疊架，小型生產者無法投入、生存權無法獲得保障；消費者對於倫理消費的機制、友善生產的效益，更是認知有限。

2.第三世界貧困人口的經濟問題：全球化造成採購與訂價權都掌握在國際買者手中，弱勢國家只能輸出廉價的原物料、勞動力，土地生態遭受破壞、經濟根基流失，落入貧困掙扎的惡性循環。

⊙創新的解決策略與經營模式：

1.創新市場：公平貿易藍海

壓低成本、大量傾銷，是企業慣用的獲益方程式。「生態綠」藉由公平貿易商品，喚醒台灣尚未開發的新市場，也為過往社會運動團體與市場經濟壁壘分明的衝突對話，做出了新的詮釋。

2.營銷創新策略：加入國際認證，透明化行銷

接受國際組織檢核營銷的透明流程，並將營收的一%交由國際公平貿易標籤組織「社區發展金」統籌營運。「生態綠」以國際認證制度取代單打獨鬥，既解決個別公益慈善組織無法有效徵信的問題，亦避免小農收入無法維持生存的問題，得以有效建立消費者信賴。

3.社會工程創新：推動倫理消費架構

公平貿易的完整制度提供台灣農業新啟示。消費力從過往慈善購買，得以走入合作支持的體系。透過合理利潤分配，保證收購，讓社區合作、利潤回流小農，消費者和生產者均能雙贏，也為島內農業倫理消費的架構、認證機制，奠定基礎。

DATA 生態綠

成立時間：
二〇〇七年。

產品內容：
公平貿易咖啡、公平貿易相關商品。倡導倫理消費與食物運動。

地址：
台北市銅山街一號一樓

網址：
http://www.okogreen.com.tw/index.php

哪裡買得到：
生態綠、聖德科斯（八十六間分店）、誠品知味專櫃（二十間分店）、HOLA（十五間分店）、天和鮮物、SOGO敦化館B2超市、石尚自然探索屋、地球樹、台灣文學館、Cheffresh Cafe、穆勒咖啡館等全國各地咖啡館，以及線上通路PChome商店街、露天拍賣。

個案延伸討論　讓夢想發光的創新與挑戰

1. 你的夢想是什麼？

徐文彥檢視農業問題，促使他引入公平貿易架構創辦「生態綠」。那呼喚你內心深處的使命又是什麼？如果還沒有，現在就開始想一想？

2. 對於所要投入解決的社會問題或服務對象，了解有多少？

「生態綠」看到了台灣農業環境問題，卻也看到了公平貿易、倫理消費的藍海。不妨現在就廣為收集相關情報，看看可以怎麼做？

3. 檢視自己的優勢和專長是什麼？

徐文彥、余宛如皆歷經社會倡議的立法行動、商業行銷歷練，背後更有理念團體友善支持。想想看，什麼可以讓助人的事業可以有好的開始？

阿里山上的有機之光

光原社會企業

文・胡哲生 梁瓊丹

絕大多數原住民有土地卻沒有種植，或有種植卻無法銷售，
陳雅楨認為要幫助阿里山上的原住民，
提升成為「有機部落」是唯一轉機，
再加上位處曾文水庫集水區，
更具有環保、經濟永續及文化傳承等積極意義。
「光原」與「瑪納」產銷一體的合作模式，
在四年之後走過損益平衡點，
其關鍵在於：保證收購、租地雇工、
集體有機驗證等創新經營策略，
成功打造全台第一個原鄉有機專區，
為原住民找到自立、自信的一線曙光。

關注領域

弱勢自立、生態有機

「阿娜娜西・阿那耶」鄒族人的歌聲旋律，與自然蟲鳴鳥叫的樂音彼此唱和著，一台滿載新鮮蔬菜的小貨車，正緩緩行駛進入這個位在阿里山海拔一千兩百公尺高度的理貨場。來到「瑪納」的理貨場，班員正將一早剛採收的一籃籃萵苣、草番茄、茄子，做最後的揀選、品管、秤重，分級、包裝。

「光原」專責協助「瑪納」班員銷售有機蔬果，不只站在海拔高處，也站在產品頂端。蔬菜品質的好壞，看的並非超市貨架外觀，而是在這裡的有機耕作、田間管理、履歷溯源……。

「我們要給吃的人，良心的蔬菜！」這是「光原」與「瑪納」的共同信念，因為對待土地的心意，決定了餐桌上的美味，同時更企盼為原住民經濟找出一條生路。

△建立經濟與尊嚴，才能安定土地與人的關係

「嘉義縣阿里山鄉的山上原住民，職業只有三種：農民、公務員與打零工。」從事社工至今超過二十年，「光原社會企業」（以下簡稱「光原」）共同創辦人、「瑪納有機文化生活促進會」（以下簡稱「瑪納」）秘書長陳雅楨這樣描述。

部落工作機會少，除了耕作的農民，百分之九十都是擔任村長或鄉公所職員等公務員，其他多靠採茶等臨工方式賺取收入。短期臨時工的待遇相對不錯：男工每日一千五百元，女工每日一千元，但工作機會不穩定，有了今日沒了明日，薪資多半無法因應開支。每逢風災、雨災，生活又得「重新歸零」，家庭平均月收入不到一萬五千元，沒有舞台的年輕人更是被迫遷徙到都市尋找工作機會。

在輔仁大學「原住民專案辦公室」創辦人、印度籍鄭穆熙神父的帶領下，陳雅楨與夥伴們進入原鄉部落進行社工服務。團隊原本熱心地開辦各種婚姻溝通、親子互動，拒菸戒酒、醫學預防等新知學習講座，「但都只有女人跟小孩來。」幹活兒去的男人表明：「養家活口是我們的責任！」

陳雅楨和夥伴們探究原鄉的傳統文化，這才瞭解扛起經濟重擔是原住民男性對家人愛的表現，也使得團隊意識到：「提升部落經濟收益，才是首要之務。」因為，先建立經濟與尊嚴，才能安定土地與人的關係。

轉型創新

有機是自助天助的解決之道

轉型創新1：有機轉型關鍵，「瑪納」與「光原」產銷合力

陳雅楨分析後發現，「原住民空有土地卻沒有種植，或有種植卻無法銷售。」況且，「原住民辛苦種出來的蔬果，不論是通路、資金、技術，統統都是別人的，只有『創新』，才有機會。」

評估了資源與環境的限制，陳雅楨認為將原鄉提升為「有機部落」是唯一轉機，尤其阿里山鄉位於「曾文水庫」集水區，建立原住民有機農業典範更兼具環境保護、經營永續及文化傳承等多面向積極意義。

「若能將觀光風景區廚餘回收，轉作有機肥料，就會是最低成本的有機資材，不但增加在地就業，同時也兼顧了環保與健康。」陳雅楨自許革命不用一開始就偉大，從小小的行動開始就好，但企盼能永續經營。

於是在二〇〇六年，陳雅楨與阿里山鄒族人以非營利組織方式成立了「瑪納有機文化生活促進會」，推廣廚餘轉作肥料與有機蔬菜耕種技術，農產遍及整個「阿里山鄉」，以季節性蔬菜、阿里山高山茶、竹筍、咖啡等特色農產為生產大宗。

有鑑於亟待解決的產銷問題，陳雅楨決定邀集具共同理念的王鵬超、李志強等友人，在二〇〇八年創辦「光原社會企業」。由社福使命的「瑪納」負責培訓與生產，結合了企業體的「光原」負責通路、行銷、品牌打造，現在已是阿里山鄉最大的農作生

上圖：由阿里山上往下眺望，山谷幾戶人家，翠嶺碧綠風景如畫。
右下：「光原」共同創辦人王鵬超（左）與陳雅楨（右）。
左下：輔仁大學原住民專案辦公室鄭穆熙神父。

產集團：目前有五十九筆土地、一百公頃（二〇一一年驗證面積為一百公頃，二〇一二年為九十公頃）的面積從事有機耕作，是全台灣第一個通過有機驗證的原住民地區，建構起原住民就業與農業服務的完整網絡。

△有機一同，為健康、為下一代做改變

「光原」保證收購有機作物，前提是每位農友必須先加入「瑪納」，成為班員接受輔導。目前參與的班員以分佈在阿里山上的鄒族為主，約有近四十位農友，平均年紀約五十歲，從「三年級生」到「六年級生」都有。

這些鄒族人手上也許有幾分林、幾分田，經過「瑪納」的生產培訓，家庭經濟趨於穩定，從月入一、兩萬到月入五、六萬者皆有，收入差異取決對種植技術的成熟度掌握、種植品項類別，以及作物季節性差異。

來吉村的農友莊新富，也是「瑪納」班員，今年已

「光原」與「瑪納」的農友，分別是湯進賢（右）、湯浦瑞美（中上）、湯智偉（中下）、汪良善（左上）、楊孝明（左下）。

經七十多歲，他的回應直白、悲切：「三、四十年的慣行農法後，農藥成了肝害，變成肝病。我跟太太賺的錢都拿去醫院掛病號，根本所剩無幾。」

莊新富慘痛的人生經驗，換來的是身體出現了農藥與化學肥料殘留的病症，這才明瞭怎麼對待土地，土地就會怎麼對待你。

耕作超過十年、過去經常與「台北第一果菜批發市場」交手打拚的樂野村農友湯智偉，回憶過往：「我的四季豆賣相、品質都是一等，只有我的貨到了市場，才會喊出最好的價錢！」但話鋒突然一轉，卻低聲說：「可是農藥真的很重……，夏天豆子真的要好好洗。」

湯智偉在有了小孩之後，不敢讓女兒進入農園滾土地、玩泥巴，才開始想著如何能與農藥劃清界線，讓下一代在無毒生態中成長。

△喚醒鄒族人信守老祖宗的叮嚀

頭髮灰白的「瑪納」阿里山分會會長湯進賢，曾擔任過嘉義縣議員，是部落裡相當受到敬重的長者，談起投入有機耕種很認真的說道，「剛開始都沒有賺錢，可是班員相當堅持！」原來「瑪納」班員心態的轉變，在於是他們自己決定的，也唯有自己下定決心，改變才能持久。

特富野小組的石耀祖，是部落裡的年輕帥氣型男，他感性地說：「接受慣行農法的人，經常只想著划算與否、想著怎麼賺錢。但我們想的是，如何留下這塊土地。」石耀祖俐落地一邊用鐮刀割下青菜、放進貨籃，另一手往前方一指語重心長地說：「你看這邊茶園那麼多，每個人都這樣噴，生態都變了。如果我們要重新改良土壤，就要花更多的時間與成本。」湯智偉更是呼應：「我們只是土地的看守者！」

健康與環境的失衡就發生在眼前，早就在「瑪納」班員心中敲響了老祖宗的交代，因為土地是祖先留下的，當然也要把土地完整地留給孩子。

儘管外界常誤認為要說服原住民轉作有機會很困難，陳雅楨笑說其實是很順利的，一方面是原住民與土地的依存關係本來就很密切，另一方面他們心裡早就知道有機肯定讓人更健康、更賺錢！

只是，種出來的有機蔬果要賣去哪裡，則是在「光原」成立後，才出現更大的推動能量。

轉型創新2：採取四大創新經營模式

「瑪納」班員產出的有機蔬果，光運輸成本上將近是平地的二・三倍，在價格上較平地難以競爭。以鄒族人在阿里山的分佈區域，主要可分為北四村的樂野、達邦、特富野和里佳，南三村的山美、新美與茶山村落，尤其南三村更是交通較遠的地方。

對於這一路克服原鄉有機耕種的產銷與就業問題，「光原」與「瑪納」已發展出以下四種經營模式：

△創新模式①：保證收購，農民可安心生活

針對擁有土地的農友，透過「瑪納」的有機耕作知識輔導，訂定生產計畫，種出合乎市場要求的品質，「光原」則以「保證價格收購」，直接付給原住民公平的收購價格，讓原住民得以耕種自己的土地，創造自己的生活。

△創新模式②：租地雇工的新土地策略

針對沒有土地的農民，進行「租地雇工」。陳雅楨分析：「像是山美、新美與茶山村這三個村落，相對來說是沒有產業的聚落！」而新美村又是一個位處偏僻的部落，從達娜伊谷進去仍要四十分鐘車程，而且多為漢人種植，極少有原住民自己的農作，甚至相連的三村落也各自獨立、毫無合作。

於是，將包括山美、新美與茶山村這三個村落，成為「租地雇工」的重點發展區域，由「瑪納」向原住民擁有者承租土地，再以基本薪資雇用農友耕作，確保農友的收入，也讓耕作者有機會成為作物的主人。唯耕作者則必須負擔地上物所有成本，作物最後可全數由「光原」收購，「瑪納」只收取收購總額五％的服務費，以鼓勵種植。

如此一來，不但免除農友收入不穩定疑慮，同時幫助原住民支撐家庭開支，更重要的是一旦將維繫家庭與社區的土地生養機制找回來，就能夠重建原鄉社區活力了。

△創新模式③：集體有機驗證，品質有保證

幾年下來，這群原住民小農生產網絡完成了不少的創舉：是台灣第一個蔬菜集團驗證的團體（非單一品項）、全台灣土地最為分散的農業團體、海拔高度最高的農業團體。無法從課堂學習到的，「瑪納」班員正在從田野間實作，發掘屬於家園土地的知識，從不相信自己能，到一步一步勇往向前進並實踐了。

右上、中上：「瑪納」的孩子們都在無毒有機的生態環境中長大。土地就是最好的導師。

右下：部落回復了鄒族輪工的傳統，相互交換工作知識、支持協助。

左圖：「瑪納」班員從田野實作，發掘屬於家園土地的知識。

另外，「瑪納」為了因應有機農作收成後續製程，主動協助農民進行有機加工處理，以徹底符合有機驗證所需，例如竹筍廠、有機茶廠。尤其阿里山聞名的轎篙筍及麻竹筍，光是「瑪納」班員年產量就超過二百公噸，堪稱阿里山鄒族人的最大農作。

△創新模式④：產量集中，發揮與通路洽談優勢

一開始，「瑪納」班員的年產量真的很少，於是「光原」決定把散落在各地農友種出來的蔬果集合起來。團結力量大，就能有籌碼跟通路洽談，也成功地將產品打進市場。

陳雅楨不諱言，目前的銷售管道九十五％仍以有機大型通路為主，因為大通路商才能接受生產的不穩定。不過，她認為這只是一時的，等到產品的質量更穩定，就能引導成熟的農戶發展為宅配，這是她對未來產銷的構想與展望。

「瑪納」班員的阿里山高山季節性蔬菜，番茄（右上）、佛手瓜（右下）、新鮮山葵（中上）、高麗菜（中下）、愛玉子（左上）。

轉型創新3：培訓農友有機耕種的實力

不比價格，比品質，湯智偉謹記父親的教訓：「不能被一塊錢打敗！」原來父親時代的阿里山也有合作農場與產銷班，與農友契收合作定價。沒料到每回收成，山下的行口盤商提出了「每斤多一元」的收購利誘，大夥兒為了短期利益跑班、違約，農產工廠倒了、產銷班解散了，被行口盤商掐住了銷售命脈，收購價反而每況愈下。

△魔鬼般有機教育訓練，一年上二百個小時

「商人給的利益是短期的，自己努力才是長久的！」切身經驗讓許多「瑪納」班員體悟到：「一定要接受教育訓練！」

陳雅楨請來了「慈心有機農業發展基金會」、「巨農有機農場」、「台南農業改良場」的講師，提供學員們一年二百個小時的訓練課程，相當於大學生要修習十二個學分的課程安排。

莊新富談起這魔鬼般訓練：「每個月兩天，教育課程可是非常可怕啊！」訓練內容從有機耕作理念、專業生產技能、市場與行銷、田間教學等皆有，評鑑小組每三個月監督輔導，包括出缺席評量。

陳雅楨表示，之所以用心良苦每個月安排課程，主要是因為每種作物都有專有的土壤管理、病蟲害防治、農田管理、採收後處理，以及分級包裝等五大基本項目，唯有照顧到每個細部環節，才能種出比市場上更好的品質。

△克服有機轉型瓶頸，老農也學會寫產銷履歷

在希望中匍匐、跌倒、挫折，「瑪納」班員異口同聲說，「當菜種下去，一直被蟲吃的時候，心情就像在滴血！」「以前有蟲，買個農藥灑一灑就死掉了。但是操作有機是不可以的！」

轉型有機不免遇到極大的瓶頸衝擊，尤其剛開始能使用的資材不多，產量有限、蔬菜賣相又不好，成本拉得高。許多班員嘆道：「還有小孩要養，真的快要做不下去！」太多的限制與顧慮，讓一些「瑪納」農友不免遲疑著是否回頭做慣行。

像是從旁聽開始加入「瑪納」的湯智偉，被班員公認種植技術第一，他肯定地說：「只要善用環境，找到土壤和產品之間的平衡點，『有機』能比『慣行』更經濟，蔬菜也會自己長出來。」

陳雅楨認為，除了讓農民學會種有機蔬菜，更要學會寫自家產品的產銷履歷。過去從沒書寫需要的農友，沒有電腦、傳真機、更沒有相機，現在要拿鋤頭、也要拿筆，吃力記錄下栽種過程，讓自己、甚至下一代趕上資訊化的腳步。陳雅楨相當自豪地說：「班員中，就連七十幾歲的老農民都會寫產銷履歷。」

轉型創新4：自發自治，輪工互助合作

談到推廣有機，常見的難題就是容易因周遭非有機

栽種的農藥污染，尤其持分過小的有機栽種更是難上加難。陳雅楨回憶說道，曾經有位農友只持有三分土地，面積不足而被迫放棄原地有機栽種。為了保住班員的土地，「瑪納」召開班會達成了共識，將周遭分屬於三位非班員的七分地租下，「輪工」調配其他班員共同耕作，共同承擔責任、租金等成本風險。

果然，「保住了土地，就保住了希望！」「瑪納」班員之間的互持，感動了七分地中其中一位地主，承諾願意以五年時間，象徵性收取每分地一萬元的租金，支持有機耕作與土地復育，為眾人的夢想注入一劑強心針。

在多方努力之下，特富野與達邦的「瑪納」班員回復鄒族「輪工」的傳統模式。曾經因村落「本位主義」而分治的達邦、特富野，因為「輪工機制」破除了隔閡，竟又合成為一個小組。

「八個人一起工作真是快啊！」「每個人都還自己帶午餐分享，連吃飯都覺得更好吃啊！」在特富野有兩分多地，參與「輪工計畫」的班員浦方雲花，高興說著幾乎要跳起舞來。

「輪工小組」帶著自己的工具到田裡，有些人先整理田區，接著有人犁田、做畦，後面的人拉覆蓋布、打洞，另一組人則負責種苗，一天就可以做完一分多的地。

土地讓生活互動有了更好的開始：透過「輪工」，交換知識、耕作方式、降低耕作成本；也透過「輪工」調配時間，兼顧工作與家庭生活。「小瑪納們」彼此成為好友，班員間互相接送，轉動了更深切的部落與社區互動情感。

轉型創新5：落實共好生產耕種，也做產業升級投資

班員歷經吵架，嚴重到不肯同桌吃飯，後來主動投入志工、進而自訂班規，成立評鑑稽核，凝聚了團

右上：「瑪納」班員們在理貨場整理蔬菜。
右下：被「瑪納」班員形容如魔鬼般的課程教育訓練。
左圖：瑪納有機農場等同是班員的另一個家。

體性與自治精神。部落間距離遙遠，於是各地班員主動成立分會，除了宣傳有機栽種理念，同時主動把關品質，更大方分享各類計畫利潤盈餘。

「瑪納」從二〇〇八年開始正式招募，每月規劃掌握生產品項、資材需求及面臨問題，從每件小細節中落實計畫生產。根據統計，二〇一一年的總產量較前一年度提升了三十五・六%，總產值則提高了四・四五%，即便二〇一二年有班員因故退出、驗證面積變少，總產量仍有二%的成長穩定，總產值則提高了〇・七%，這都歸功於農友的團結與向心力，以及其在耕作技術與農業設施上的顯著提升。

農業靠天吃飯，天氣是亦敵亦友。「光原」另一位靈魂人物王鵬超就曾語重心長地說：「我們最大的風險是天氣。」光是二〇〇九年的夏天，就連續來了三個颱風，因此班員們的產量少得可憐。

幸好「瑪納」的班員很樂觀。即便土地、家當都被沖進了曾文水庫，人生的耗損周而復始，部落的勇士總說：我們只有當一天災民的權利。住在里佳的

上圖：堅持有機栽種仍有許多事務需克服，尤其與附近採行慣行農法農友的溝通。
下圖：昆蟲的多樣就是生態恢復的最好見證。

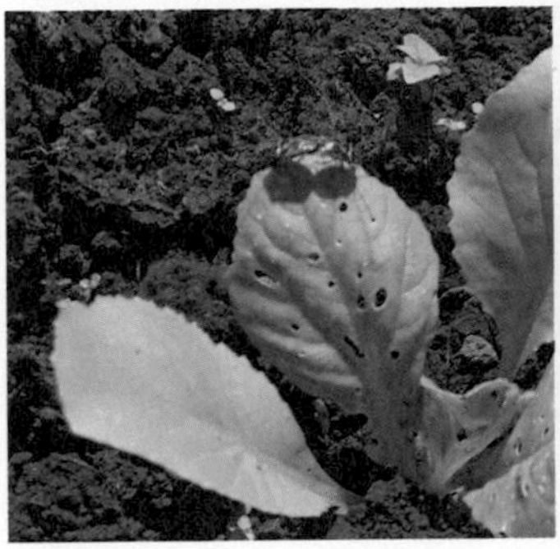

【數字會說話】

光原的年度產量與產值表

	年度	蔬菜	茶葉	竹筍	咖啡、愛玉	合計
年產量	2010年	51,992公斤	2,685公斤	39,436公斤	195公斤	94,308公斤
	2011年	77,680公斤	2,140公斤	47,720公斤	371公斤	127,911公斤
	2012年	82,982公斤	2,492公斤	44,890公斤	393公斤	130,757公斤
年產值	2010年	1,631,651元	3,759,000元	1,380,335元	117,222元	6,888,208元
	2011年	2,304,083元	2,996,000元	1,671,311元	223,680元	7,195,074元
	2012年	2,552,107元	2,960,650元	1,487,110元	249,345元	7,249,212元

農友楊啟川就是一派開朗：「八八水災前我種茶，後來被水沖走了，現在改種蔬菜。」只要還有生命，就還有希望。

儘管風災肆虐、氣候變遷，陳雅楨與「瑪納」一班員一起面對大自然的恩賜與破壞，調整生產計畫、興建溫室、改變耕種模式，並且達成即時通報、及時解決，努力以有機農法為阿里山留住好山好水，也以此自力營生。

△大膽投資，幫助與時間賽跑的產業升級

阿里山特產轎篙筍，或稱石篙筍，是一種生長在海拔七百公尺到二千公尺的長年生竹筍，但由於生長在較高海拔的林區保留地，高度高、坡度大，採收相當危險；近年氣候變化大、加以山豬及猴子下山搶食，造成採收量大幅銳減，價格也難以與平地竹筍競爭。

竹筍採收有時間壓力，一旦長得過高就不會再生新筍，所以筍農必須與竹筍的生長速度賽跑。還有，轎篙筍天生就鮮嫩嬌貴，採收必須當天殺青、或隔天立即加工，否則會過於老韌，失去口感。

作為阿里山最大農產的生筍，出售即可得到現金收益，但是價格的決定權在筍商，事前無法預估損益。反之，竹筍加工後可以儲存、可以變化，市場風險低，但是升級需要成本、資本，因此除了生產之外，原住民少有產業升級的機會，這也成了「瑪納」與「光原」不斷要面對的營運思考。

然而，問題與時間都是不等人的。之前，陳雅楨與夥伴投資三百萬元興建的茶廠已經運作一陣子，茶廠接受「瑪納」班員等其他有機茶農委託的茶菁加工，向其收取製茶費用，獨立營運已不成問題。於是，陳雅楨決定將茶廠成功經營know-how，也複製到筍廠上，讓有機加工擴展農產保鮮價值，同時也加入創新料理設計。

MORE

「瑪納」的有機時蔬、自然好茶、野生好筍，必買推薦！

阿里山茶系列：海拔八百到一千四百公尺間的有機茶園，採自然農法栽種，無農藥殘留、通過慈心有機驗證，連第一泡都可以安心飲用。更因為高山早晚雲霧飄邈、平均日照短，兒茶素的苦澀味低、甘甜味重。

種類	推薦理由
阿里山有機烏龍茶	輕中度發酵、加上中度焙火，讓茶湯轉為濃厚香氣、回甘持久，餘韻無窮。
阿里山有機金萱茶	茶質優雅、烘焙後香氣厚實，有別於一般高山茶的口感，更散發出濃濃奶香，令人驚艷。
桂花烏龍三角茶包	阿里山烏龍搭配清雅的桂花，以黃金比例調配烘焙，花香茶香並存，茶點絕配。另有玫瑰紅茶。

阿里山轎篙筍：被譽為「筍中貴族」，從「瑪納」班員自有土地上進行野生採集而來、無農藥殘留，慈心有機驗證。筍支中空有節，肉質肥厚，纖維柔軟，富有豐富的鈣質，口感渾厚、風味特殊。

種類	推薦理由
新鮮轎篙筍	五至七月產季新鮮限定。可伴酸菜、梅干菜燉煮或清炒，素食者可食。也可加上排骨、肉類等更顯清甜，作為主菜或配料都很不錯。吃過者均讚不絕口。
阿里山脆筍	生筍煮熟後以鹽醃製而成的，透明真空包裝常溫放置耐存放。可加入排骨煮湯非常好喝，或拌入麻油、香油等，清炒也好吃哦！

阿里山有機蔬菜：季節蔬菜包括：龍鬚菜、高麗菜、綠蘿蔓、牛蕃茄、包心白菜、結球萵苣等季節蔬菜，煮湯、拌麵實在太棒了！另外，黃金大白菜切開內葉，呈金黃色，入火鍋、作白菜滷、泡菜、酸白菜尤其適合，產季經常供不應求。

與時間賽跑的阿里山特產轎篙筍，採收必須當天殺青。

轉型創新6：挹注資金，在原鄉開辦微型貸款

農業風險高、天災環境變化大，氣候一直是最大的變數，而小農幾乎無力承擔。加上農民能抵押的資產不多、借貸金額收益不足以平衡銀行手續成本，銀行幾乎不願意貸款給農民。於是，「光原」與「聯合勸募」合作成立「信德基金」，開辦小農貸款，滿足農友借貸需求、分攤種植風險。以微型貸款方式，提供有機耕作資材購置，以及農耕機具購買。陳雅楨認為，「不只是貸款，也是信心、責任與分享之意。」

陳雅楨很開心地說，「信德基金」目前約略已貸出近四百八十萬，而「瑪納」班員的還款情形也相當令人振奮，如有機茶葉班班長即透過基金借款三十萬元，收完兩季茶後已還了三分之二。由此也證明，只要提供適當的協助，偏遠弱勢者也能倚靠自己的力量站起來。

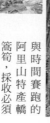

上圖：「瑪納」與「光原」，是台灣第一個有機蔬菜集團驗證且海拔最高的團體。

中圖：「瑪納」班員的多元種植，囊括茶園（左中）與蔬菜；「光原」則以「集體驗證，共同行銷」，打造出共有品牌。

下圖：天氣亦敵亦友，是農民最大的風險。透過興建溫室、調整生產計畫，來面對大自然的恩賜與破壞。

社會資源挹注是部落培力的後盾，但原住民的主體參與才是傳承關鍵。當田地與家園等生活經濟終能穩定，鄒族特有的語言、文化詮釋權教育、傳統技藝與儀式風俗，更是不能斷裂。

用社會企業盈餘繼續推動原住民部落文化的保存，找回部落傳統與生活脈動，是「光原」與「瑪納」的衷心企盼。

△賠錢事小，建立土地與人的和好用意大

阿里山的生產區，有著從海拔五百公尺到一千兩百公尺的高度差異，三十六戶原住民，等同於有三十六個不同點的生產線，相當分散，不過即使如此，還是吸引有志者加入。

「從我家開車到理貨場就要一個小時……，可是從農校畢業後，就想要回山上工作，改善生態！」農友楊啟川、安正雄等諸多班員，因著心之所往，就此加入了「瑪納」。

「光原」則抱持著多樣性生態計畫，來面對產地分散的管理難題，目的是希望能夠逐漸收回土地，增加有機耕作面積，建立一個原民自立的系統。但是，理想一落入凡塵，總是考驗重重。

以成本與產量來看，陳雅楨當然知道，在這裡種的菜是最貴。不過，她認為最大的關鍵是：「雇工心態」未被調整，因為對待作物可不能朝九晚五。農友必須要將自己提升為管理者，對土地培養出全面性的關照責任。

陳雅楨不諱言地表示，「租地雇工」計畫約賠了一百多萬，也被這樣的人事成本壓得幾乎喘不過氣。

但充滿熱血又理智樂觀的她說，「就社會效益來看，有十公頃筍園拿到歐盟及美國驗證、六・五公頃的土地回復不用藥階段；有二十人堅持有機耕作，還有接下來第二批的二十人，願意與土地建立永續關係。」

拒絕依賴補助，但也一路上遇到貴人

二〇〇九年的「八八水災」重創了阿里山，聯外道路斷成多截，主要橋樑全毀。出人意外地，於此之前，「瑪納」全然沒有接受外界捐款。

陳雅楨相信，每個人都有付出與分享的能力，是故除了接受政府補助教育訓練經費，「瑪納」未曾對外公開募款，就是為了嘗試突破原住民團體發展模式，避免淪於仰賴補助與捐助。

不讓手心向上成為理所當然，「瑪納」成員透過參加計畫甄選或創業競賽的方式，藉以開闢各種資金來源的可能。

二〇〇七年陳雅楨與夥伴們參加了「若水社會企業創業競賽」，「光原」的「曙光計畫」從二百多件參賽作隊伍中脫穎而出，並獲得九位委員九票全拿的第一名肯定。但最後卻因為經營理念歧異，終究放棄了創投資金的挹注，照著自己的理想走下去。

成立「光原」時，這群年輕人平均三十七・三歲。沒有耀眼金主支持、沒有大公司基金會作靠山，由夥伴們抵押房子、自籌一百萬資金，只是想用熱情為社會寫下標竿。

陳雅楨自陳很幸運，「一路上遇到許多貴人。」包括低調不願具名的企業家、好友「耕心蓮苑」陳瑞珠鼎力資助，幫助「光原」站穩腳步。

儘管外在信仰不同，有機認證單位「慈心」、有機通路「里仁」與有機耕作「巨農」的無私指導、傾力相助，成立四年後，終能損益兩平！

社企股東相挺，公益才可以無畏無懼走下去

組織必須先強大自己，才能提供服務。「瑪納」與「光原」的工作夥伴雖然具有高度的相依與重疊性，但是如果有一方狀況不好就會被拖垮，所以要一起朝進步的方向前進。

理貨場的一柱一木，都是班員們一手搭建起來的。這裡，就是「瑪納的家」。

社會企業並不是在營餘之後投入公益，而是在每一個過程注入社會價值。因此「光原」股東會上雖免不了損益討論，但更多時候關切著：如何增加農民收益、如何幫助無法立足的小農？

這個結合著生態、脫貧、文化維繫的商業行動，「光原」將社會的每個人都視為股東，陳雅楨說：「幸運的是不必為股東最大收益費心。」但每次被追問：「社會企業利潤點多寡？」陳雅楨反而疑惑著，「為什麼沒有人問起，社會企業的內在價值能量？」

「沒資源、沒能力的我們都能做，所以服務社會大眾絕對是容易的。」社工出身，陳雅楨總是自謙能力不足，一步一腳印只是彰顯「天主的大能」。過去面對只想賣資財給農民的短視者，也遇過通路商、技術支援者、資金挹注者毀約終止，既然放遠目標，就且戰且走吧！

班長楊孝明一語令人動容，「曾文水庫照顧嘉義、

右圖：「瑪納」以感恩傳承取代豐收慶典，鄒族人不論大人小孩都穿著傳統服飾參加。

左圖：「瑪納」從有機部落開始，推展阿里山生態旅遊，讓更多的朋友學習與土地共好。

台南幾百萬人用水，就讓我們盡一個國民的義務，維護整個大地。」

回顧《聖經》中的「瑪納」「MANNA」，是天主給的食糧，而在阿里山「鄒語」中，意思即是「請吃吧！」原來古代的《聖經》，就是映照著鄒語。「瑪納」農友從理貨籃裡，揀選出起幾顆剛採收的小番茄，笑意滿盈地遞給來訪的平地朋友，不忘說著：

「MANNA！」

「天主給的食糧，請吃吧！」

【不一樣的做事態度】

「瑪納」帥氣的班員石耀祖語重心長地說：「你看這邊茶園那麼多，每個人都這樣噴，生態都變了。如果我們要重新改良土壤，就要花更多的時間與成本。」湯智偉更是謙卑自陳：「我們只是土地的看守者！」

《光原社會企業》的挑戰×創新

⊙勇於挑戰的難題：

1.貧窮與人口外流：偏遠地區的整體發展有著牢不可破的體制性障礙，除了土地農作不利運輸，更面臨技術與銷售管道的瓶頸，家庭收入因而經常不穩定，青壯人口只好外出奮鬥。

2.生態危機的無力：原住民絕大多數只能將土地廉價出租茶農茶商，甚至幫外來經營者打工種茶、施灑化肥。當自己無法掌控自己的土地，甚至必須親手破壞土地的健康，此般種種宣告了任何人都會有的無力與無奈。

⊙創新的解決策略與經營模式：

1.行銷服務創新：團結力量大的集體行銷

不讓生產者單打獨鬥，「光原」則以「集體驗證、共同行銷」，建立起全台第一個有機驗證原住民地區，打造出共有品牌、發揮洽談優勢，解決小農銷售困境。

2.內部服務創新：新土地策略、小農微型貸款

無論是收購議價的討論權，僅五%的低服務費，均是鼓勵農友經營種植，讓生產者更能留在自己的土地。面對氣候的風險變數，小農幾乎無力承擔，「光原」將收益與籌資而來的基金，提供微型貸款，滿足借貸需求，分攤生產者種植風險。

3.社會工程創新：互助分享的文化重建

經濟的尊嚴與自信之餘，找回了鄒族最重要的互助分享精神，包括部落的輪工傳統、家庭間的互助親密、人與自然土地的和諧、族群與老祖宗的認同。山上學子中輟比例高、升學意願低落，當部落穩定生活基礎後，靠著共同努力的盈餘，還能投注在下一代的教育、傳統物種資產保存等，讓生產者的長遠夢想可以真正起飛。

DATA

光原社會企業

企業性質：
原住民主體之有機作物行銷公司，由社福組織的「瑪納有機文化生活促進會」推動成立。也是台灣第一個以「社會企業」登記命名的企業。

成立時間：
二〇〇八年。

產品內容：
有機作物，包括季節性蔬菜、高山茶、竹筍、咖啡，生態休閒產業。

社會目標：
創造部落就業機會，生態永續、經濟自主與文化傳承。

哪裡買得到：
實體通路，包括里仁、巨農，以及其他不定期農夫市集。

線上通路：
加入臉書「瑪納有機團購」，每週二下午四點前下單，隔天下午兩點即可收到從阿里山一早送出的新鮮蔬果。
另外，如果想要參加季節宅配、土地認養、阿里山生態旅遊，請電洽〇二-二九〇五-二五五四。

個案延伸討論　讓夢想發光的創新與挑戰

1. 你的夢想是什麼？
陳雅楨深入部落提供社工服務，卻看見提升經濟收益才是首要之務，促使她創辦「瑪納」和「光原」。呼喚你內心深處的使命又是什麼？如果還沒有，現在就開始想一想？

2. 對於所要投入解決的社會問題或服務對象，了解有多少？
「瑪納」聆聽見原住民老祖宗的叮嚀、與大自然依存的信念，以「有機耕作」改變了土地的命運。不妨現在就廣為收集相關情報，看看可以怎麼做？

3. 檢視自己的優勢和專長？
陳雅楨、王鵬超與李志強三位，在助人服務與商業行銷各擅其場，合體之後能量加倍。想想看，什麼可以讓助人的事業可以有好的開始？

一解思鄉愁的異鄉人報紙

四方報

文・梁瓊丹

小至家庭醫院看護，大至地標台北101、高鐵等大工程，
都是一批批離鄉背井的異鄉人為我們奠基打下的……，
在二〇〇六年創辦的《四方報》，
堅持為這些台灣無名英雄發聲。
內容讓讀者決定、讀者就是記者、小吃店就是通路，
是《四方報》創新的辦報理念與作法，
現今越語版每月發行量突破二萬份，
閱報率更勝過《蘋果日報》，成績讓人刮目相看，
而自嘲是文盲辦報的總編輯張正，不計成本，
還要繼續辦泰柬菲印尼等小語報，
就是想要照顧六十萬個在台灣一顆顆飄泊的心。

關注
領域

弱勢發聲、文創媒體

告別了擁抱與親吻，懷抱著夢想，從大海的另一端來到台灣這座島嶼。阿雲（化名）尾隨著外勞仲介者的背影，穿越繁華嘈雜的街道，步入了台北的醫學單位，冰冷寂靜是這裡的常態，穩定的呼吸聲連同不知名的機器聲滴滴作響。

阿雲才下飛機，就直奔醫院照顧中風的「阿公」。已經是第二次來台灣的她，照顧長輩很快就上手，濕毛巾正輕輕撫過阿公略顯消瘦的臉龐，接者翻身挪移、檢查尿布。她用略有口音的國語小聲尖叫：「阿公，太濕了。我們來換布布！」

漫長的看護時光，猶如走入一個沒有出口的隧道，阿雲唯一期待的，就是雇約滿期後的再次回家。沒料到警示聲突然一陣嗶嗶大作……緊張蔓延，沒能停歇也不能鬆懈，她的所有仰望，都只能停留在想像……。

還好，還有月亮。

每回接近農曆十五，一群從東南亞離鄉工作的朋友，心頭就會格外溫暖。因為新一期的《四方報》又出刊了！（現改為每月一號發刊）在每個思鄉情切的日子裡，他們可以手捧熟悉文字，閱讀家鄉情事，就足堪聊慰異鄉遊子的飄泊心情。

△邊緣創造主流，閱報率遠勝《蘋果日報》

《四方報》，為台灣本地發行、製作的越南文報紙型月刊。二〇〇六年創刊，越南文名稱為「Bao Bon Phuong」，二〇〇八年潑水節則推出了《泰文版四方報》，二〇一一年更創立柬埔寨文、菲律賓文、印尼文，加上前述越文、泰文，是共出版五國語言報種的移民媒體。

《四方報》隸屬於世新大學「台灣立報社」，由已故發行人成露茜創立、張正擔任總編輯，越南報每期發行八十頁、印刷份數二萬份（註一），訂閱每期售價僅二十元，除了劃撥訂閱外，也在統一超商（部分）、萊爾富、ＯＫ便利商店上架。

自嘲「文盲辦報」的《四方報》，其實已是華文地區最大的移民媒體，保守估計每八個越南朋友中，就有一位讀過《四方報》，閱報率遠勝台灣排名第一的《蘋果日報》。《四方報》在同儕間相互傳閱甚廣，可說是是外籍移民／移工中最主流的報紙。（註二）

媒體新創意

從目標市場、內容定位、通路、廣告，開創無人跨足新藍海！

市場新創意1：只是想為弱勢發聲，意外開啟新市場

美國學界移民研究始祖、洛杉磯加州大學UCLA亞美研究中心、環太平洋研究中心主持人的社會學者成露茜，長期關注移民議題，強調理論與實踐併行，回台灣後思索是否有機會開辦移民媒體。

有鑑於新移民的媒體服務在台灣始終缺席，二〇〇六年成露茜提議願意以個人名義拿出五十萬，開辦兩份移民報紙，打造移民媒體平台，為弱勢發聲夢想跨步。

△有錢出錢、有力出力，為異鄉遊子辦報

面臨著對傳統新聞工作倦怠、略懂越文的張正，二話不說，一口答應成露茜的邀請，接下《四方報》的編輯重任。還有來自香港的僑生，前《破報》（同為《立報》系統）主編丘德真，來台灣十餘年，格外能感受異鄉人在他方打拚的辛酸，略曉泰文的他，熱愛泰國文化，因此扛下「泰文報」（當時名為《新能量報》）的編務（註三）。

除了編輯長才，兩人之所以毅然決然地投入新媒體，其實都是身有所感的體悟。張正過去在暨南大學東南亞研究所攻讀碩士期間，曾到越南異地遊學長住四個月，身處在陌生國度，失去了語言座標，對其生活技能與心理調適都造成巨大的衝擊。

台灣主越越南文版《四方報》

Bốn Phương

Chia Tay Nhé, Chợ An Khang!

別了，安康市場！

右上：《四方報》創辦人成露茜（中間戴墨鏡者）與同仁合影。
右下：《四方報》總編輯張正與太太《立報》副總編廖雲章。
左圖：《四方報》創刊號之越文報。

「在異鄉好想讀中文報啊！」只要是中文都好，心中湧起一陣渴求，張正回憶著昔日的那股激動，「連《法輪功》都讀得津津有味！」因為經歷過，當然更懂這群滯台異鄉人的渴望：「終於看懂了，好開心！」

△ 大膽投入六十萬個潛在讀者市場

台灣出版媒體眾聲喧嘩、百家爭鳴，近六千家雜誌社、每年超過四萬份的出版品，儘管市場看似趨於飽和，但針對著擁有六十萬個讀者市場的東南亞文字刊物，卻是屈指可數……。

「我在書店不斷尋找越南報刊，卻只能失望而歸。」「少量越南報刊在朋友間流傳，已經破爛且字跡模糊……，我還是好開心、好滿足。」越南籍幫傭的范草雲，投稿到《四方報》激動訴說著尋找母語文字過程的挫折。

「看到了文字，好像見到了親人。」「屬於越南人

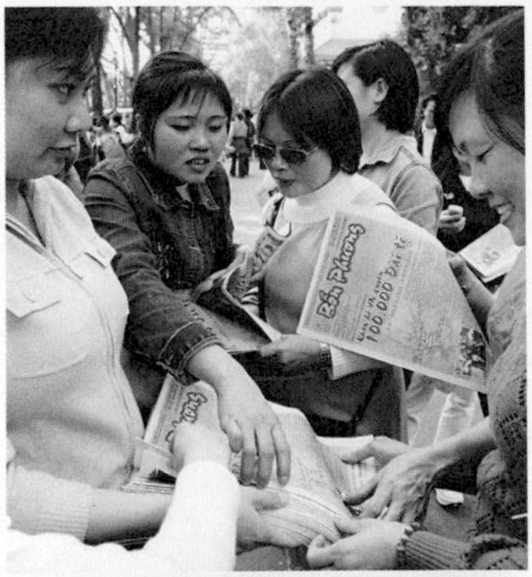

右上：越南讀者搶拿《四方報》，開心分享的表情。
右下：泰國讀者拿到《四方報》的喜悅。
左圖：新移民、新台灣之子與《四方報》。

的聲音，終於出現了。」有著強烈閱讀習慣與渴求的越南人，如同范草雲彼時的開心與感激，享受著《四方報》帶給他們的無比感動。

儘管應付印刷費用，發行兩期就可能將五十萬元全數耗盡。倚賴「自我剝削」，不編列內部編輯費用，先不計較成本，這一群異國文盲，因著成露茜的遠見鼓舞影響，站在歷史的偶然與必然的路口，《四方報》就以拮据的經費，以月刊形式大膽發行。

然而投入之後，無論是讀者情感上的回報，產品成就感的價值，未來潛在市場與收益的回饋，張正直呼：「實在是太划算了！」因為這一切的一切，都無法量化。

內容新創意2：讀者就是記者，顛覆媒體慣性

張正的越南文，只有幼稚園程度，「有時看不太懂

自己辦的報紙。」多數《四方報》員工也並不懂東南亞語言，因此戲稱自己是「文盲辦報」。

「沒關係，只要讓他們看得懂就可以了。」成露茜是這麼說的。不一定要自己「生產」內容，也無需要替他們「決定」內容，「讓被壓迫者發展自己語言詞彙，述說世界。」

《四方報》自許是開放的媒體平台，把發言權交給讀者，所以讀者就是「記者」。也因此，張正幾乎是抱著字典，邊看邊查，一篇篇閱讀著「記者文稿」、讀者來信。

△平等交流沒有老大，用意在增進相互了解

《四方報》並不是台灣第一份東南亞文字刊物，但諸多這類刊物多為政府部門出資、本地人製作，內容不脫政令宣導或是雇主觀點。《四方報》以「異鄉人的好朋友」為定位，以陪伴取代指導，除了國內外時事要聞、相關資訊，《四方報》空出半數以上的版面給讀者。

「也許出於關心、好意。我們隱約當起老師，『指導』外勞、外配如何在台灣生活。」張正一語簡單點出，這不就是一種歧視、台灣人的盲點？

《四方報》期許提供朋友般的平等交流，「他們可以增進我們對東南亞的理解。我們可以交換一些台灣的資訊。」張正如是說。

《台灣立報》副總編、《四方報》中文主編廖雲章，就發現越南的倫常，有著比中國更細緻的傳統。像是越南人好問年紀，作以確認兄弟姊妹稱謂之彼此長幼，甚至「在越南，小孩排序裡沒有老大。」因為過去有個越南皇帝，規定凡事不能比天還高、比皇帝還大。「所以老大要叫老二。二哥其實是大哥。」廖雲章笑談兩地差異，令人不禁莞爾。

然而在文化差異中，也沒有誰該是老大。張正認為識字班的確是種方式，協助新移民、移工適應台灣

社會。但中文的學習累積，終究有所限制，想想台灣人學了多久的英文，能有多流利？如果要即時溝通服務、相互傳遞訊息，就必須從有效地表述自己開始。

常有讀者打趣地嚷著，「不要有中文啦，版面已經不夠了。」但為了讓在地讀者也能回應，張正與夥伴們花了很多力氣進行轉譯。許多版面雙語並陳、或是小標加註中文，將越南相關資訊、移工處境與心情、移民單位不當的處置或作法，藉由《四方報》反映到台灣人的視野。

△用生命寫成的故事，讓廣大讀者流淚閱讀

疲憊、熱切不斷升騰，張正與妻子廖雲章總在下班後，抱著大批厚重的影印稿件來到新北市永和樂華夜市的章魚燒攤位，拜託來自越南廣寧的小吃攤老闆阮舒婷（現為《四方報》越文主編），在收攤閒暇為《四方報》進行中越文翻譯。

原來《四方報》早期除了經費左支右絀，越語人才亦難尋，造成編採不易，張正卻適時發現了阮舒婷的長才：「全台灣賣章魚小丸子的外配有幾十位，卻只有你可以做編譯！」

阮舒婷大學畢業後，原在越南擔任導遊，與老公自由戀愛來到台灣，曾參與新住民社運組織「南洋姊妹會」事務，謹慎負責，張正以毅力與溫情，不放棄地向她召喚。

由於多數文章必須經過翻譯才能完全閱讀，翻譯志工向來是《四方報》最寶貴的資產，排山倒海如雪崩般的讀者來函，真情流轉感動了阮舒婷，就此成了編輯部「第一個哭的人」，從義工編譯扛下專職主編的重責。

加以許多越籍來台留學的學生（如清大中文博士生）、越南華僑的義氣相助，每一封用生命寫成的故事、真誠的情感，開啟了被廣大讀者流淚閱讀的機會。

右圖：《四方報》讀者拿起紙筆紓發。日復一日，姊姊（越南男女彼此以姊弟相稱）在花園裡推著阿媽。
中圖：穿著越南傳統服飾，推著行李箱，到異地「尋找新人生」。
左圖：《四方報》讀者來函，用樸實簡單的中文，表達對《四方報》的感謝，或是以唐詩「春曉」作為主題。

通路新創意3：極盡所能接近讀者

草創時期的《四方報》印量四千份，許多報紙都是由張正親自送出的，自己開著一台紅色老喜美，走入深山、偏鄉，滿載著一疊疊沉重的文字書報，但心情卻是無比的開心。

張正談起將剛出爐的《四方報》試刊版給讀者看的心情，「雖然只是十六頁的黑白刊物，編排粗糙、錯誤百出，但是送報的人、讀報的人，都很興奮。」即便幾年後已步入了穩定發行，張正到外島蘭嶼、澎湖、馬祖放鬆渡假期間，還是不免想要尋找異鄉人的蹤影。

△千里送報的大地遊戲，讓想看的異鄉人都看到

《四方報》初期採取免費的形式贈閱，定點放置越南小吃店、雜貨舖、車站附近商家、安養院。雖以中北部為主，張正仍盡可能穿梭台灣每一處角落，從北往南串連起自己的千里派送地圖：每次幾百份

「食物」與「文字」，就是賴以慰藉的鄉愁，無法取代。

送往一個地點，再轉往下一個市場，拜訪舊時的同學老友、各地移民／移工團體。

「下個月放一疊報紙在店裡，讓你們送給客人好嗎？」《四方報》初期因為免費提供，還時常被誤認是詐騙集團，或另有所圖，因為免費報紙即便在越南也未曾見過，所以經常被拒絕。但更多的是熱心的讀者給予建議，擔心他們會虧錢。

得知有《四方報》之後，許多社會公益團體主動協助提供派報，諸如遠在屏東教會的一位牧師，特地打電話至編輯部想要索取報紙；也有專辦東南亞行程的旅行社董事長豪氣承諾，能將《四方報》送到數以百計的越南小吃店，「再多（報紙）也不夠！」就此成了他的口頭禪，推向報紙進入各個被遺忘的角落。

△ 報紙長腳到全台，就連便利商店也買得到

越南人向來有書寫的習慣，喜歡閱讀與畫畫。也許

是因為在台灣的越南移工與移民分散，大多從事家務勞動，而不若泰菲移工的集體性與群體歸屬，內心較為孤寂，格外需要看到熟悉的文字、真情的家鄉言語問候，因而對於刊物的回應更為熱絡。

自此，報紙像是長了腳，越過了地理屏障，擴展到全台各地，甚至洄游至越南。「有朋友從台北打電話來，唸報紙給我聽。」「台東朋友把過期的報紙釘成一本，寄來高雄。」《四方報》編輯部常接到這些讀者的來信分享。

還有許多讀友詢問如何訂閱，但寄送卻成了阻礙。廣大長期待在醫院的外籍看護，因病房不得代收信件、又無法專程到越南小店，表達了不知如何取得《四方報》的憂慮；或有讀者怕家人或雇主攔截、或住在偏遠鄉鎮，運費經常比報紙價格還高，甚至可能經常遺失等等的通路取得問題，一一浮現。

驚訝於《四方報》印刷量的節節上升，承印《四方報》的《蘋果日報》印務部，深怕失去此一關鍵大戶，為了穩固業務關係，主動替張正協助洽談便利商店通路，首先成功於「OK」、「萊爾富」上架（目前部分「統一超商」也可購得），第一次上架完銷率幾近三成，隔期高速成長甚至超過五成，穩定至目前的七成，將《四方報》的發行推向新里程碑，也為雜誌報架上的單調風景，注入了新氣象。

收益新創意4：兩年後平損有訣竅

「社長一直逼我漲價！」總是頭戴棒球帽、身著牛仔褲配著越南開襟長衫，猶如鄰家大男孩的張正，抓抓頭，表情是一貫的靦腆、歹勢。

從定點免費、十元訂購開始，現在八十頁的內容、二十元的售價，一直維持著不可思議的價格。即便訂報並不足以負擔報紙本身成本，展現的卻是《四方報》對讀者的承諾，盡可能低價讓所有朋友都能享有閱讀。

△

不可思議訂報價格，損益平衡來自特定廣告主

幾百張用過的電話卡、預付卡，攤開成扇、排列成形，每一張卡片，訴說的不僅只是思念，還有移工生活有多寂寞。電信、金融匯款、交通旅遊、航空公司、仲介業者、飲食雜貨，構成了最主要的廣告來源支持，《四方報》的唯一與「主流」移民媒體身分，也成了公部門政令宣導的指定媒介。

隱身於《立報》辦公室，共用設備與部分人力，《四方報》雖節省了不少行政開支，卻也隱約能感受到學校的資源壓力。於是，在商業廣告與發行之外，也有來自社會團體贊助、公部門專案資源、個人或組織訂閱捐報予鄉鎮圖書館、偏鄉小學、安寧病房，讓發行資金愈加穩定。

開辦兩年後，《四方報》開始損益平衡，張正也終於回復過往的薪資，「可以領到薪水、又可以幫助別人，實在太划算了！」

MORE

紙上的FACEBOOK來了！

《四方報》開發出一種「55123」簡訊交友系統，讀者只要按下「bbpket#」＋「想說的話」，傳送到55123，花費十元的簡訊服務費用，這段文字就會出現在最新一期的《四方報》與「四方報網頁」，幫大家找到舊日好友或未來有緣作夥的朋友。

使用群多半會附上自己的手機號碼、自我介紹，其中不乏台灣人的告白：「我是台灣人，想找尋愛唱歌、愛跳舞的越南女孩作朋友。中壢、桃園皆可。」「我住高雄，單身未婚，真心想找未來老婆，只要有心，等你來電。」

聯繫起異鄉人的相依心情，也略補《四方報》的財務營收。《四方報》每期刊出至少兩百位的好友，在線上等你喔！

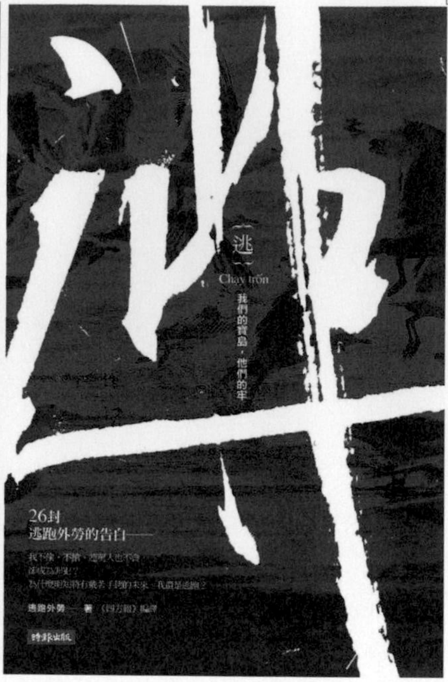

右圖：集結一篇篇逃跑外勞的血淚故事，《逃》中文版由時報出版。
左圖：《逃》的故事，越文版封面。

媒體影響力

從讀者自創新版面、激發異鄉人才華，到與台灣人的互助互諒！

社會影響力1：鎚擊台灣社會的「逃」

因為讀者就是記者，才能鎚擊出現實的荒謬與不公義。「逃」的版面，也就自己長出來了。

「不要再寄報紙給我了。因為，我要逃跑了。」強忍著長期工作超載的壓力，在「合法」名義上必須照顧阿嬤，卻被迫接受雇主「違法」要求打掃兩棟透天厝、為十幾個人做飯洗衣，仍難逃威脅遣返的老讀友范草雲，來信告訴《四方報》。

范草雲曾正在某處森林裡砍草，幾個月後，她揹石灰、扛砂土，給師傅們砌牆，甚至幾度不堪躲在垃圾回收場裡忍受惡臭，之後只好陸續在各地打工，或幫傭、或到山頂摘果。

「我不偷、不搶，甚至連罵人也不會，卻在台灣成

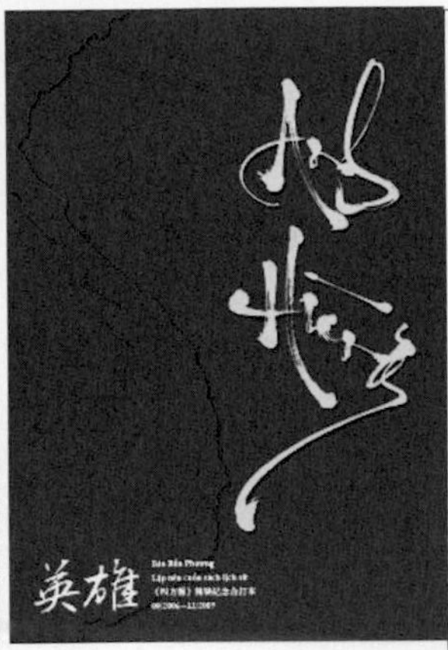

右圖：逃跑外勞維興（化名）的畫作，「籠中鳥」。強烈對比色彩，凸顯越勞、外配在台灣灰暗的處境，彷彿籠中之鳥，無法逃出籠牢。

中與左圖：《四方報》合集——向「英雄」致敬。來自四面八方、離鄉背井的讀者，都是英雄。圖第一輯（中）與第二輯（左）的封面。

為罪犯？」「明知將有戴著手銬的未來，我還是要逃跑？」曾在越南擔任記者的范草雲，斷斷續續以簡訊向張正、廖雲章報平安、說明近況，並一路索取紙筆，寫下她的逃躲日誌。

彷彿進入了那個為求生存的第一現場，如走鋼索的犯難血淚，險途遇見的醜惡善良，讓張正鼻酸揪心隨同她的文字飄泊逃亡，也看見那些「逃跑外勞」背後，備受忽視、未被理解的心情生命。

△一篇篇血淚告白，成了《四方報》的熱門專欄

各式各樣的文字、畫作，移工們慘遭苛刻對待與斥逐、不得不逃跑的辛酸，自此陸續湧入了編輯部。那些委屈、孤單、不得已的血淚個案告白，構成了《四方報》的長期版面，「逃」（註四）。一篇篇故事、每一個聲音，猶如警醒現實的千鎚萬擊，敲打著台灣社會正義的巨石。

台灣的移工政策，直接聘僱的管道不甚順暢，雇主與移工之間契約資訊也不對等，甚至一旦發生爭議、工作內容與實際不符、或遭受凌虐羞辱、或拿不到薪水，移工也無法自由轉換雇主，毫無「合法」保障，只能宿命接受仲介與雇主的威脅遣返，或不得不逃。

「逃」的版面招致不少挑戰：「逃跑外勞是罪犯，你還讓他們講話？」但張正疾呼：「公平審判前，罪犯也有說話權利。更何況他們不是罪犯。」其實，逃跑並非犯罪，猶如轉換工作，與當初申請項目不一致。嚴格來說，只是違反行政規定，得懲處萬元罰鍰與「遣返母國」。沒想到一群最不想犯罪的人、毫無餘裕犯罪的人，因「技術違規」卻遭重罪相待，淪為警察帶槍追逐的獎金標的。

「這麼讓我想看，因為那是真的。」逃跑的故事情節猶如警匪片般刺激，讀者每每拿到報紙就立刻翻找，卻是語帶沈痛，盈淚閱讀。還有讀者來信說，「看到別人的命運比我還苦，我還是再撐一下好了。」

然而「逃」的出現，猶如一面明鏡，映照出苛刻的勞動制度、把移工當作機器的奴工意識、階級式社會控制與粗暴污名等結構困境。《四方報》曾經撰寫「沒有服務，何來服務費」的專題，直指出仲介向移工收取服務費的不合理。幾位大膽的移工，在報紙裡找到勇氣與膽識，拿著報紙向仲介據理力爭，找回了過往遺失的權益。

社會影響力2：讓生命找到幸福出口

儘管仍有移工與移民的異質性，但《四方報》秉持讓弱勢發聲，把版面的空間留給了讀者，無形中成就了「讓自己幫助自己」的新力量，生活也走向了更寬闊的開展形貌。

△搭建起良性互動循環，才華洋溢讓人激賞

越南胡志明市師範大畢業的珊珊，認為《四方報》

的越語學習專欄「編寫程度很差」、錯字連篇，於是免費來稿教學，後來甚至接續出了四本越文學習書籍，從單純的移民配偶身分，變身為專業越語老師。

「四方尋友」、「心情」的版面，也頗受迴響。許多越南朋友用著樸拙生澀的文字，表達對雇主照顧的感謝，搭建起閱報、訂報的良性互動循環。或有從「四方尋友」版面找回當初一起來台打拚的同鄉，相互打氣慰藉，甚至促成不少情侶佳偶。

像是才華洋溢的范氏祥，創作量驚人，詩作經常在《四方報》發表，多次參加台北市外勞詩文節，因屢屢獲獎，被主辦單位要求別再參加。二〇〇九年的流浪者之歌音樂節，如泣如訴的越南古韻吟唱，范氏祥唱著自己創作的詩詞，餘音繞樑，全場為之動容。

更有讀者，因著閱讀的勇氣，拿起了攝影機，變身紀錄片導演，首映會上數度感謝《四方報》。導演阮金紅以自身經歷出發，歷時三年，並得到雲門流浪者計畫獎助，發表出台灣第一部以「外配拍外配」的紀錄片——「失婚記」。在拍攝紀錄的途中，也再次找到屬於自己的幸福。

社會影響力3：舉辦多元活動，交流不再是單行道

縱然面對排山倒海的編務問題，張正與編輯團隊仍以過人的精力與創意，為這些新移民或移工弱勢者舉辦畫展，甚至還有促進台越文化交流的「外婆橋」計畫等等。

雲林七十餘齡的和洋老宅獨立書店「虎尾厝沙龍」裡，一幅幅靜吊的畫作宛如受盡人生風華之石，勾勒出移工在台灣的灰暗境遇，也有親情、愛情、夢想的體現。《四方報》把這群素人創作視為寶貝，為其開展「艷驚四方」的巡迴展出。唯恐原作稍有損毀，張正還特地投保並為畫作進行複製，讓這群移工創作者得到前所未有的尊重。

右圖：跟著媽媽的腳步，「外婆橋」的老師、孩童、爸爸，體驗著不同的文化衝擊。

左圖：范氏祥在二〇〇九年的流浪者之歌音樂節，以如泣如訴的越南古韻吟唱她自己創作的詩詞，餘音繞樑，全場為之動容。

「阿桃對爸媽的盡心照顧，遠勝於我。」在台中榮總精神科服務的梁雅娟，自陳幸運有越南籍阿桃相伴照顧罹患阿茲海默症的母親，言語中充滿感謝。沒有受過專業美術訓練的阿桃，擅長畫出越南女性溫婉風韻，幸運遇上新雇主的梁家阿公也愛畫畫，兩人不時一同作畫展藝，雇主家中長廊上即有兩人畫作吊掛，交互輝映。

△一場驚豔四方的巡迴畫展，一趟前所未有的「外婆橋」之旅

除此之外，張正更以有限人力，結合了「誠致教育基金會」方新舟董事長的支持，搖向了前所未見的「外婆橋」計畫，也就是嘗試找到三位一體的「台灣師長+新台灣之子+外配移民媽媽」，一起到越南回鄉二十天，體驗划船買菜、下水捕魚、滴咖啡、品鴨仔蛋等多元文化。

看到原本異鄉弱勢的媽媽，「從語言傻子變成地頭蛇」，以語言及在地的優勢，展現極佳的才幹與能

上圖：「艷驚四方」，異鄉人創作展在高雄。

右下：「艷驚四方」開幕首展，在藝文空間「虎尾厝沙龍」展出。這群素人畫家們第一次站上屬於自己的舞台。

左下：雇主一家人特別出席阿桃（身著粉色上衣）與友人的「艷驚四方」畫展。

力。而原本具有權威優勢的台灣小學老師卻是主客易位，只好跟越南媽媽背後不斷學習，重新展現勇氣融入當地生活。參與者笑稱，「完全理解了外配媽媽到台灣的感受。」足以將此次經歷化為課堂教案。

△沒有終點的投資，持續讓弱勢發聲

撐過了越南文損益點，《四方報》的財務踏出了自給自足，張正卻是很「貪心」。不管有無經費，頁數、版面盡可能增加篇幅，從原來的十六個版、增加到六十四個版，還是無法刊出所有讀者的來函。發行量從一開始的四千份，一年後快速增加為三萬份。發行量愈大、賺更多錢，那就把規模再擴大：再印多一點、印厚一點、或是再多做一點，才能達到讓所有的異鄉人都能閱讀的目標。

秉持著「讓弱勢發聲」，卻不會只是一座越南民族的沙文主義堡壘。《四方報》於二〇一一年啟動「五語倫比」發行計畫，在原本的越文基礎上，擴大為以越南、泰國、印尼、菲律賓、柬埔寨五份以母語為書寫的定期刊物。

這「五語倫比」的發行計畫看起來轟轟烈烈，編務執行卻是困難重重！《四方報》編輯部不時遭遇到不同軟體顯示不一、存檔發生困難、印刷時亂碼百出等技術問題，人力不足的窘境依然相當困擾，張正苦笑地分享：「好不容易願意來上班的，但是台灣老公不允許。」「夥伴終於來了，卻不會打電腦……。」

不諱言小語種報紙是做理想，張正坦言損益平衡的越文《四方報》僅能支持隔月出刊一次的小報；但印尼可是台灣最大的外籍移工族群，約有十九萬，又有長期閱讀刊物的習慣；柬埔寨雖只有五千人，但同鄉之間有強大的連結力；菲律賓在台灣有充分的教會系統管道；獨家的泰國報營運也已經趨於穩定……。張正力陳五語開辦的重要性、市場經營立論有據，但不就是那些不計後果、捨我其誰的熱血狂人，才會如此大刀闊斧嗎？

創造價值、極大化利潤，向來就是現代企業的終極目標，那麼究竟利潤的終點是那裡？反觀《四方報》不斷將賺來的錢花出去，進行一場沒有終點的公義投資、持續讓弱勢發聲，這或許就是張正與一般生意人的差別。

△彌補台灣社會缺口盡在《四方報》

台灣早期就是移民社會的夢土，而今東南亞移民解決了台灣長期的勞動缺工、安養照護、婚配失衡等問題，也帶來跨越地理區隔的文化交匯。這些移民或移工，奉獻了年華，錯過了參與兒女成長變化、來不及見到至親的最後一面，長時間陪伴台灣，外籍移民／移工是家人而非家電，不是阻力卻是助力，不是問題卻是答案，需要的只是耐心理解。

張正在《立報》當了十多年記者，看到久久一次讀者來函，「說哪裡寫錯了，又質疑你的立場。」言語盡是文字嘶吼。而現在，每天三、四十封利用衛生紙、月曆紙、訃文（猜測雇主是經營禮儀社的）等各種廢紙的感謝書寫，創刊至今近約有一萬八千封來函（註五），呼喚出台灣人長久忽略的越南聲音。

「台灣社會與新移民／移工間的缺口是不幸，卻成了我幸運的機緣。」張正心懷感謝，自己因緣際會地辦起了一份自己看不懂的報紙，卻成了數以萬計的新移工、移民來到台灣的心靈糧食，為社會彌補了缺口。

「我不能忍受他們看不到自己文字的飢渴與缺憾。」「這個東西（《四方報》）太充滿我了！」「他們的飢渴、缺憾，在我的想像裡，不斷地被放大。」堅持著移民要過得好，台灣才會更好，彷彿一股奇妙強烈的氣流引力，吸納了興奮的張正、熱切的張正、焦慮的張正、難掩疲倦的張正，化約在一張張的油墨紙印中。

望向城市的一端，曾經有一群人，左支右絀、不計代價地辦著一份報紙。

然而，他們自謙說著，「只是想要撫慰別人，也撫慰自己。」

註一：二〇一二年的印刷數字，每期發行量約略有所不同。

註二：台灣人口二千二百萬，發行量最大的《蘋果日報》約為五十萬份。台灣越南人口僅二十萬，越南《四方報》發行量超過二萬份，但同鄉間傳閱率高，故實際閱報率應超過數字本身。

註三：泰文《新能量報》，二〇〇七年一月停刊。

註四：「逃」的故事已翻譯集結為中文版，《逃：我們的寶島、他們的牢》（二〇一二年，時報出版）。

註五：截至二〇一二年十二月十日，共有一萬七千八百八十四封越南讀者來信。

編按：

在完成階段性任務後，張正已於二〇一三年卸下《四方報》總編輯一職，仍持續在東南亞文化推動上努力，包括自二〇一三年起為期兩年，製作台灣第一個東南亞電視歌唱節目「唱四方」；二〇一四年起，開辦「移民工文學獎」；二〇一五年發起「帶一本自己看不懂的書回台灣」運動，並開辦「燦爛時光東南亞主題書店」，成為台灣人認識東南亞的最佳窗口。

原形態之《四方報》已於二〇一六年停刊，由世新大學重整編制，開辦新版本服務。原有《四方報》團隊的部分成員，另外創立了以中文書寫的網路媒體《移人》，持續報導在台灣發光發熱的東南亞異鄉人。

從《四方報》開始，團隊始終不忘初衷，持續開展出台灣與東南亞交會的燦爛時光，令人感佩。

再版增訂

在《我們的小幸福小經濟》之後，從《四方報》展開的燦爛時光

本書在二〇一四年四月出版，彼時，正值《四方報》的高峰，越、泰、印、菲、柬五種文字的刊物每月輪流編印發行，在便利商店上架銷售，而《四方報》也拿到了所有可能的榮譽與獎金：Keep Waling 圓夢資助計畫、社區一家首獎、社會公器獎，以及各式各樣的政府補助。不過，那也正是我離開《四方報》總編輯一職的前夕。

為什麼離開？最具體的理由，是網路與智慧型手機已經取代了《四方報》安慰異鄉人的任務。最具體的例子，是讀者來信。二〇〇六年創刊的《四方報》，因為滿足了在台異鄉人飢渴已久的傳播權，每天應接不暇地收到二、三十封讀者來信，每個月累積三、四百封。但是到了二〇一三年，讀者來信只剩每個月三、四封。

我心裡清楚，我們在異鄉人需要的時候做出了貢

獻，已經打過美好的一仗，該功臣身退了。

不過，異鄉人有了基本的傳播權，並不表示台灣社會已經放下對於他們的歧視。

於是在離開《四方報》之後，我們從二〇一三年起得到和碩科技童子賢先生的支持，試著將異鄉人的面孔搬上電視螢幕，製作了兩年以東南亞電視歌唱節目「唱四方」。

接著，二〇一四年開辦「移民工文學獎」，邀請異鄉人以母語創作，最後再將得獎作品翻譯成中文、集結成冊，讓台灣社會得以理解異鄉人的所思所想。至今五年，已經有多篇作品成為中學、大學的教材，甚至在二〇一八年成為大學指考國文科的題目。

二〇一五年，我們發起「帶一本自己看不懂的書回台灣」運動，並開辦「燦爛時光東南亞主題書店」，一則提供異鄉人閱讀書籍的機會（有別於透過網路傳遞訊息），一則也在台灣社會中建立起東南亞文化的地景，讓對於東南亞、對於多元文化有興趣的台灣人，有個實體的、可以面對面的空間。

另外，比我晚一些離開《四方報》的年輕同事們，也另外創立了以中文書寫的網路媒體《移人》，持續報導在台灣發光發熱的東南亞異鄉人，試圖修正台灣人對他們的偏見。

不論是服務異鄉人，或者是面向台灣社會，不論是當年的《四方報》，或者現在的「燦爛時光」，我與這批夥伴們心心念念所追求的，終究是一個多元、公平、所有族群皆能幸福共存的台灣。

最後，對於本書讀者和有志投入相關社會企業者，我認為經費很重要，但絕對不是最難的。最難的，是怎麼設計出一個有利於他人的計畫。當這個計畫真的有利於他人，必然能夠召喚到和你一樣好心的人，有錢出錢、有力出力，共同成就美事。

張正　二〇一八年十月二十一日

燦爛時光簡介

《四方報》的挑戰×創新

⊙勇於挑戰的難題：

1. **移工孤立無援：**大部分的移工是沒有機會、也無電腦、更不擅長上網取得資訊，每天陪著阿公阿媽，毫無自主時間與空間，經常被拒於社會權益保障之外。

2. **移民資訊取得困難：**行動較為自由的移民，雖可上街採買日常所需。但是書店裡、報架上，根本沒有看得懂的文字，更別提重要的即時訊息、家鄉新聞、生活資訊，無論怎麼找也找不到。

⊙創新的解決策略與經營模式：

1. 創新市場：為移工或移民者辦報

當台灣報業逐漸萎縮，多數讀者也選擇線上免費電子新聞。然而還有六十萬的移民工讀者，他們很需要報紙，甚至願意花錢購買。這不就是最好的商機？

2. 創新內容與產製策略：讀者就是記者！

沒有發言管道，但是並不表示沒有表達意願。讓讀者當家、編輯只決定印刷頁數，得以大幅縮減報社人事編制成本，而日常生活書寫更是連結彼此最好的方式。

3. 創新通路：越南小吃店等非主流管道

《四方報》逆向創意，先把跨界連結的小吃店、雜貨店經營為通路，盡可能接近讀者；更因往後大量的購買需求，推進在地主流的便利商店販售。

4. 對讀者免費或低價收費，向有錢人爭取財源支持

「對讀者免費，向有錢的人收費。」因應成本將定價調漲為二十元，《四方報》盡量讓最需要的讀者低價負擔，以廣告收益、廣闢財源支持。

DATA 四方報

成立時間：
二〇〇六年十二月。

產品內容：
越南文為主（另有泰柬菲印尼，共五種語言），月刊型報紙。定位為「異鄉人的好朋友」，期盼所有異鄉人都能擁有自己的刊物。

發行地址：
新北市新店區復興路四十三號一樓

網站：
http://www.4way.tw

哪裡買得到：
劃撥訂閱，或是到便利商店「ＯＫ」、「萊爾富」、「統一超商」（部分）購買。展現對身旁親人、移工朋友的最佳善意，就是為他們訂一份《四方報》。

個案延伸討論　讓夢想發光的創新與挑戰

1. 你的夢想是什麼？

張正對異鄉人的孤寂感同身受，促使他創辦《四方報》，那呼喚你內心深處的使命又是什麼？如果還沒有，現在就開始想一想？

2. 對於所要投入解決的社會問題或服務對象，了解有多少？

《四方報》滿足了台灣最被忽視的族群，卻也看到了社會企業藍海。不妨現在就廣為收集相關情報，看看可以怎麼做？

3. 檢視自己的優勢和專長？所有可接觸的人脈和財源等相關資源有哪些？

張正本身就是記者，報紙等相關事務並不陌生。想想看，什麼可以讓助人的事業可以有好的開始？

幫街友自立更生的熱血雜誌

大誌／The Big Issue Taiwan

文・梁瓊丹

英國的《The Big Issue》雜誌，幫助超過二千九百位街友，每週吸引六十七萬個讀者。
二〇一〇年四月一日「愚人節」，台北街頭出現了一本風格清新的《大誌》，透過英國品牌授權為後盾，以全新的商業模式、文化創意，給流浪街頭的人一個自食其力的機會，讓他們重新取得生活主控權。
《大誌》精采不過時的好內容，透過販售員的用心經營與驚人銷售潛能，兩年多來每月發行量直逼三萬份，原來這群不可靠的街友，還真的很可靠！
你我要做的事，只是買一本喜愛的雜誌，就能讓一個街友有全新的開始！

關注領域

弱勢就業、文創媒體

全球城市一樣的灰白天空、玻璃帷幕摩天高樓競逐的鬧區裡，隨著運輸動脈支線劃開、川流不息的捷運站口，總會看見一個橘色背影，淹沒在報紙、口香糖、愛心筆的叫賣聲中，以「《大誌》雜誌，一本一百元！」聲聲呼喚。一本雜誌，一份希望，把街友過去那段崩壞的歲月、被眾人遺忘的人生拼圖，倚著自己的力量，一片一片重新拼起。

「不好意思，不能賣你。因為警察來了！」街友販售員低頭收拾、神情倉皇，匆促之中只能就此回應。二〇一〇年四月一日「愚人節」，台北街頭出現了一本雜誌——《大誌》，以全新的商業模式、文化創意，重新翻轉了街頭地景與互動關係。雜誌內容清新，兼具理想與態度，加以須躲避警察開單的流動性「街友」通路，讓年輕讀者每聞販售員：「最新《大誌》！」的叫喊，心中不免一陣激動。

△ 幫街友自立以取代乞討，改變社會刻板印象

《大誌》為每月發行之刊物，源於英國的《The Big Issue》雜誌，由「美體小舖」（The Body Shop）創辦人安妮塔・羅迪克（Anita Roddick）之夫婿戈登・羅迪克（Gordon Roddick）與友人約翰・柏德（John Bird），於一九九一年在英國倫敦創刊。而後在日本、澳洲、韓國，甚至肯亞、馬拉威都有不同版本形式授權。英國《The Big Issue》目前已幫助超過二千九百位無家可歸的街友，每週吸引超過六十七萬以上的讀者。

二十年多前的英國，時值九〇年代的世界性經濟危機，戈登・羅迪克有感於失業人口日增，許多人流落街頭無家可歸，回想曾在紐約看到一份由露宿者叫賣的街報《Street News》，為之印象深刻，遂邀請曾有過流落街頭經驗、兼具印刷出版背景，最能感同身受的約翰・柏德共同創立《The Big Issue》。立志協助街友自立以取代乞討，改變社會對街友的刻板印象。

《The Big Issue》中文版即為《大誌》（The Big Issue Taiwan），由台灣網路媒體人李取中創辦。《The Big

Issue》各國編務獨立，非由英國版本翻譯授權通用，內容各有特色。唯一相同之處為運作模式：五五拆帳，如每本訂價台幣一百元，其中販售者批價五十元、另五十元為販售勞務所得，提供街友與社會資本較低的工作弱勢，一個肯定自己的機會，同時架起了一扇與社會對話之窗。

聚焦專業力

從個人專業、品牌授權、市場定位、產品創新，成功打造新世代刊物！

個人專業1：結合網媒專業與生命熱情

故事的開端，是從李取中一次無意的閱讀出發。二〇〇九年的李取中，時任網路媒體「樂多」(roodo)創辦人兼執行長，東海物理系畢業的他，過去曾是入口網站奇摩(今雅虎奇摩)的創始成員、和信超媒體新聞媒體群負責人，在網路業界打滾了十多年，累積了深厚的網路介面設計與使用者習慣觀察。

黑色鏡框下的李取中，散發著濃濃的書卷氣息。「樂多」旗下備受好評的藝文媒體「樂多新文創」，曾獲得第十屆金手指網路獎，企圖以線上雜誌的定位，漫談電影、藝術、時尚、設計等等，並以清爽的界面、旅居全球各地寫手的第一手報導、質量兼具的文章，帶領讀者進入各個繽紛面向的文化創意產業，在台灣網路服務中獨樹一格。

而他低調性格的平日裡，廣泛涉獵各種知識，如同手中負責的網站媒體，總能快速「超連結」到各類型知識之海。他偶然在《2535》雜誌中瞥見日本《The Big Issue》的報導，為之深受啟發：既是自己最感興趣的文化媒體，又結合了社會企業運作的模式，心中熱情頓時燃起、念頭靈光閃過：「有沒有可能在台北街頭，就能買到這本雜誌？」「我應該有足夠的能力與熱情，提供某些可能。」提供新服務的企圖心，大過獲利的動機，於是，李取中決

右圖：英國《The Big Issue》倫敦總部。
左圖：李取中（右）飛往倫敦，與《The Big Issue》創辦人約翰・柏德（左），討論中文版創刊事宜。

定一鼓作氣，走向實體發行之路。

品牌專業2：品牌授權，取得專業信任

全世界約有三十多國、一百餘種的街頭刊物，提供街友工作機會，英國《The Big Issue》則在發行量與知名度最具代表性。李取中坦言對實體雜誌發行並不熟悉，一切必須從零開始，然而「授權可以讓街友（homeless，註一）與社會，建立對產品的信任感，讓運作更有效率。」新雜誌若能站在品牌公信力的肩頭，就不再需要大費周章說服或解釋刊物性質，而且英國《The Big Issue》二十年的發行經營經驗也能夠提供借鏡。

從過往企業實務訓練經驗裡，李取中明瞭真正的挑戰才在後頭，「考慮太多就會被未知阻擋，一旦運作反而能使問題變得明朗。」他的創業行動因而極具效率：二〇〇九年七、八月得知《The Big Issue》運作方式後，就馬不停蹄展開企畫，請出設

右圖：超過二十年歷史的英國《The Big Issue》，各期雜誌封面。
左圖：英國《The Big Issue》倫敦發行站、倫敦街頭販售員。

計名家聶永真設計六款封面，九月聯絡英國總部提案。十一月飛往倫敦與《The Big Issue》創辦人約翰・柏德會面，並得到了授權鼓勵；隔年（二〇一〇年）二月即成立「大智文創志業」公司，四月《大誌》（The Big Issue Taiwan）台灣創刊號正式發行。

《The Big Issue》之品牌效益，以及英國總部授權成功的強心針，為李取中創業初始得到最有力的社會資本，也協助過往對街友議題不甚熟悉的他，向在地相關公部門、社福單位溝通協力時，成了最佳後盾。

市場專業3：瞄準未被滿足的Y世代讀者，創造「愚人世代」雜誌

有鑑於國外仍有許多新的平面媒體備受新世代喜愛，李取中更有信心大膽投入：「就目前媒體發行的現狀來看，市場仍有很大未被滿足的缺口。」反觀台灣電視新聞報紙聚焦於島內大小事，八卦、流

行當道，看似百家爭鳴，實則千篇一律。李取中認為，「有更重要的訊息需要被呈現，但一直未被滿足，這就是需求。」

李取中將《大誌》鎖定在二十至三十五歲的Y世代讀者，而Y世代是第一個從網路環境成長的世代，比起父母輩們更早面對到全球化，無論是自我追尋或是家庭概念，都與過往不同。因此，「我們提供不一樣的東西，為Y世代開啟世界觀。」也就是說，《大誌》要讓台灣的Y世代，「大智若愚，愚而不昧」！

再者，網路資訊取得雖易，卻又太過廣泛龐雜，讀者要自行發掘到感興趣的內容相形困難，編輯角色因而愈形重要。著眼於現下的觀察、放眼對未來市場的判斷，這本《大誌》含括全球意識、商業科技、品牌設計、藝術文化評論，一本屬於「愚人世代」的雜誌，就此誕生。

「傳統媒體人事結構太大，我們因應新科技、需求成本，組成最適合讀者的人力結構。」李取中概然分享經營之道。《大誌》雜誌廣納旅居美洲、歐洲、日本、台灣近二十位各具專業背景的寫作者，提供第一手觀察與國際短評、時代趨勢、生活體驗。國際觀的訴求、同步的時事脈動，猶如面向世界的一扇窗，藉以文化創意時代的跨界整合力，以創新養分與清新空氣涵養讀者，形塑出新世代不一樣的閱讀視角。

產品專業4：創造全新又超值的產品力，每本僅需一百元！

雖然從網路媒體出身的李取中，並不把平面媒體萎縮歸咎於電子化衝擊，他認為：「載體可呈現與被接受方式都不同。」基於網路媒體的開放性與特殊連線形式，讀者閱讀行為趨於發散，平面雜誌卻是必須考慮整體感，界面設計與陳述方式尤其重要。

李取中向來對設計極感興趣，從網路時代即對平台介面與視覺設計多所要求。加以多數媒體觀念與世代脫節，動輒以「指導」之姿向讀者進行溝通，未能滿足世代對於內容與呈現形式的期待。

細細觀察《大誌》，講究layout排版、版型簡潔漂亮，不搶戲地襯托主題意念，掌握美感與實用性的平衡。雜誌內容富含中心思想，卻無是非批判、更沒有激情，將思考空間還諸讀者，猶如他個人風格再現。李取中的初衷溢於言表：「立場選擇是容易的。然而過於快速的定奪，又如何期許在一味遵循體制中成長的下一代，建立多少省思能力？」

李取中一語反映了對「愚人世代」的期許，開創出屬於自我的人生真義與價值。包羅「獨立出版」、「植物方舟」、「移動運輸」、「太空計畫」等多元主題，除了深受年輕朋友歡迎的亮點歌手如五月天、陳綺貞、蘇打綠、張懸等主題封面，高木直子的插畫、手繪林宥嘉圖像、人文攝影師集，以及意外性的四版封面選擇、跨媒體合作「驚喜」（附贈知名歌手單曲專輯，註二），僅須一百元的「超值感」，無一不為讀者帶來盎然趣味。

社會效益

以街友為銷售主力，讓街友自立更生，同時扭轉傳統通路舊思維！

「未來，每一個人都可能成為遊民。」長期關心勞動貧窮處境的「當代漂泊」成員、「遊民行動聯盟」召集人郭盈靖提出了觀察警語。

△商業模式翻轉街友處境

當經濟全球化吞噬了產業空間、勞動型態愈加不穩定，不斷拉大的財富差距與經濟結構，毫無居住正義的生活空間，「未來的遊民」將不再只是末世的危言聳聽。

創辦超過二十年的英國《The Big Issue》，鼓勵街友「把手舉起來，而非把手伸出來！」（A hand up, not a hand out !），提供了社會問題可能的解決方案，證明組織可以兼顧商業價值與社會目標。然而，《大誌》無論是沿用街報的運作模式、或是經營者自身

中文版《大誌》總編輯李取中。

《大誌》辦公室，每期創意主題來源發想地。隱身在雜誌背後，工作人員細心的體貼，是販售員最倚賴的溫暖後盾。

的特質與經營風格，都為傳統的商業經營力帶來了反思改變。

解決方式1：街友是風險更是機會

除了緊急危難時的救濟，街友最需要的東西，其實是「機會」。一份工作，提供社會互動、建立友誼、自我價值與經濟自立的基礎。然而街友在常態工作職場裡，無論是紀律或是能力，常被視為最不穩定的風險，連約翰・柏德都曾笑稱擁有「世界上最不可靠的勞工。」

李取中當然不把街友當作風險，「凡遇到問題，想辦法解決就好，不會先用風險角度思考。」相較於一般雜誌社委託的單純「總經銷」，《The Big Issue》各地則創新以「街友」為主要銷售通路，選擇讓雜誌轉為「機會賦予者」，建立雜誌與販售員彼此相依的機會。

其實，街友特殊通路的建立著實不易，長久背負著

月底同學會，慶生、頒獎之餘，介紹新一期雜誌的內容。

《大誌》發行站「小木屋」與志工。

社會對其嫌惡敵意，同時街友也是相當封閉的群體，甚至比起記者媒體更難以觸及，更何況是前所未聞的新創事業，因此招募「街友」進行販售，本身就是挑戰。

李取中積極拜訪第一線社福工作者，理解街友狀態處境、分佈區域、並透過相關主管機關、非營利機構與街友組織聯繫招募販售員，包括：台北市社會局的萬華社福中心、慈善組織如「活水泉教會」、「基督教救世軍」、「基督教恩友中心」，至今仍多次舉辦販售說明會，介紹理念。

選定匯集人潮的大台北捷運站口作為販售據點，《大誌》從初期的十多位販售員開始，邁向穩定七十位（含台中共同店鋪）的固定販售。而《大誌》精采不過時的內容，透過販售員的用心經營與驚人銷售潛能，讓《大誌》每月發行量直逼三萬份。截至二〇一三年一月底前發行的三十四期裡，有二十九期皆已售罄絕版無庫存。

解決方式2：提供初始資本，並對半拆帳共享利潤

考量到多數販售員身上可能身無分文，《大誌》雜誌首先提供十本雜誌與背包、辨識背心與帽子等配備，作為第一次販售者的「創業基金」。成功賣出這十本後，意即就有了一千元的收入，得以繼續以批價五十元的成本，販售不二價一百元的雜誌，賺取每本五十元的利潤。

只要遵守共識原則，販售時不抽菸、不喝酒，不跨點販賣、不與行人發生衝突、不把家當堆到街頭，保持與社會良好的互動，就可以加入三天販售實習，從熟悉街頭狀況開始，進而取得正式販售資格。工作守則中幾乎沒有強制性行為，也無業績問題。

「對半拆帳」的高利潤共享，支持雜誌社運作，也幫助販售者拿起釣竿。尤其多數街友都歷經過家庭或各式心理層面的挫折，心靈較為脆弱，只要販售稍有成績，自信心自然就會提高；然而站了一整天可能毫無所獲，也得吞下周遭黑幫挑釁，甚至「幾萬人從你面前經過，卻對你視而不見」的苦澀。

所以，發行站的定位不僅只是批書出貨，《大誌》以「小木屋」（發行站暱稱）作為瞭解販售員的窗口，透過兩位發行同仁、志工觀察、補書統計、電話聯繫，解決販售時的疑難雜症、為其不斷打氣、進行心理建設，穩定生活自立基礎。

解決方式3：批售取代聘雇，重建街友自主管理的自信

從東方到西方，無家可歸的露宿者一直都是城市管理中的棘手問題。但街友成因複雜，也非固定族群，因著經濟、教育、性別等社會因素，結構底層的弱勢者、貧窮勞動的工作者因而進入「街友」狀態，也可能有機會流往至某個「不確定」未來，暫時離開「街友」情境。

李取中認為，「街友只是一種狀態。我們無法做身分稽核，也沒有資格去認定他是否是街友。」可能有家歸不得、或心理狀態是街友，因此台灣販售員雖以街友為主，但如同澳洲、英國，也涵蓋身心障礙者，免於其進入街友狀態。

《大誌》目前每位販售員的穩定販售量，每月約在二百本至六百本之間，就不同販售區域、個別狀況而有差異。就曾有販售大哥表示，「勤勞點，總好過十八K（基本工資）。」

由於多數街友面臨卡債、帳戶盜用等問題，一般職場的人事規範、債權者追查勞健保資訊、薪資轉帳遭強制扣款、凍結帳戶的連動性，均不利於街友回復進入一般職場。《大誌》則以彈性較高的「批售關係」取代權利義務式的「聘雇關係」，免除上述扣款憂慮，批售自能成為臨時工、勞動壓榨之外的工作選項，同時重建工作者自主管理的自信。

MORE

給街友的另類小額信貸

●存款：許多販售員，過去可能遭到帳戶盜用或變賣，無法存錢的他們，只好把錢帶在身上，不時弄丟或不小心花完了，導致完全沒有存錢計畫。《大誌》鼓勵販售員為未來準備，可以寄放存款予以《大誌》保管，當然也可以隨時提用。

●借款：有時市場雜誌需求量大，致使售貨員現金不夠周轉。也有販售員一時全數花完積蓄，無力再行批售。《大誌》以「出借」雜誌，作為貸款方式，讓販售員可以持續販售業務，並分期償還借款金額。目前販售員的信用還款情形相當不錯。有借，果然有還。

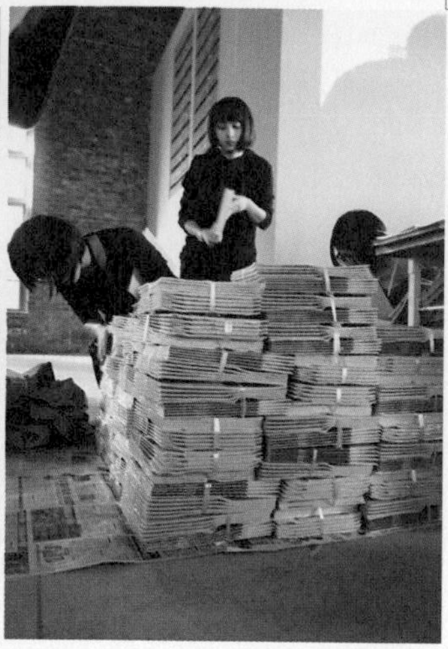

《大誌》同仁理書、盤點，準備新一期雜誌的批售。

販售員相互分享販售心得、隨意聊天。

解決方式4：另類的管理思維，包容、接受不穩定

沒有權利義務的「批售關係」，通路效率就可能難以掌握，而六十個販售員，也就等於雜誌社須面對六十種龐雜的銷售狀態。不同於傳統經營，李取中出人意表地挑戰現代企業的「管理動機」，選擇以「接受不穩定」，來理解、包容生命的狀況。

翻開雜誌頁末，「六張犁站。販售者身體不適，休息中。」「龍山寺站。販售員，請假中。」因著街頭販售者多有大不相同的個別處境、或有多重而臨時的工作，甚至有身心理突發狀況，不時有販售者漂盪離開，甚或來了又去。

不試圖為街友做出選擇，《大誌》開放販售員擁抱各種機會，也張開雙臂歡迎「老同學」（註三）的歸位。是故沿著捷運路線拜訪，那些昔日賣雜誌的街頭牆角，至今仍空缺著幾個位置，靜待同學們的康復，《大誌》也持續進行販售者招募訓練，以據點

左手中風復健的販售員，終於買到手推車，不必自己負重了。這是他的「BMW」。

捷運站口，總能見到一個橘色的身影，這是專屬《大誌》的燈箱廣告。

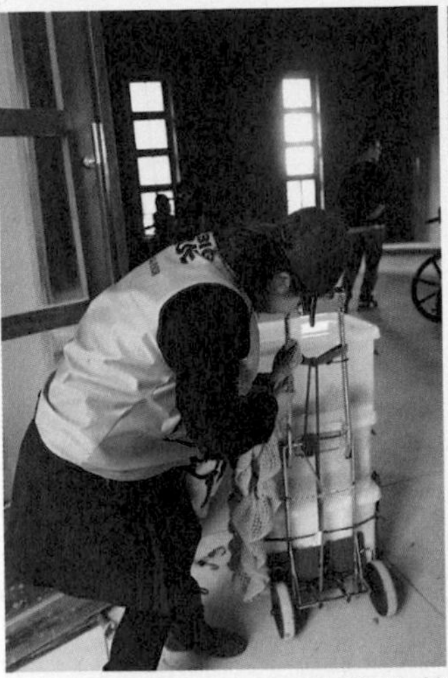

補書囉。販售員準備好各種配備，批書迎向下個月的挑戰。

拓展，平衡印務規模壓力。

「如果雜誌社都不能讓他（販售員）回來，我不知道他們還能往哪裡去。」李取中語帶感性說道。在現代追求速度、效率與激烈競爭的商業環境裡，為了保住飯碗，即便是一般工作者，都不敢隨意請假的扭曲社會生態中，難得還有一個地方，接受著生命的不穩定……。

△街友的避風港：還好《大誌》一直都在！

捷運站邊的「他」，曾經航行過世界各大港口、漂泊在無際海洋。博物館前的「她」，曾是掌握火候、爆香翻鍋的熱炒大廚，料理出滿桌海味山產，讓客人歡心佐餐下酒。摩天大樓前的「他」，二十多年專業成衣熨燙經驗，無論材質布料，通過雙手就能一路平坦。然而這一切啊，都已日漸模糊……。

城市景觀不斷改變，人生境遇更非風平浪靜。「如果你曾經睡過街頭，也不會想讓孩子知道吧！」兒女遠在大陸，曾為熨燙師傅的販售員有幾分感慨，卻也道破街友形成的易發性及不為人知曉的酸楚。

許多販售員挖空心思，設計各種販售小道具、整理客戶統計、努力拓展顧客建立良性互動，仍不忘向《大誌》喊話，「可不能停辦喔！這樣我又要去找其他工作了。」

「把雜誌做得更好，讓讀者有動力持續購買，才不辜負販售員的努力。」李取中深知雜誌好不好看，是實際支持街友的關鍵，是故《大誌》雜誌細微處如紙張選定、題材上的不落俗套、環保大豆油墨印刷、封面主題的趣味意涵，都反映出回應社會需求的用心。而當販售者再次步入了穩定，他們也滿是感激：「還好，《大誌》一直都在。」

△街友撐起八成零售，未來成立基金會協助自立

不到十坪大的辦公室裡，散落的書籍、架上的造型玩具，幾個青春正盛的年輕女孩裡外穿梭，構成了書桌外的美麗風景，而眼前悠閒裝扮的李取中，其實一路走來並不輕鬆。原來資金才是他的最大風險，發行前半年即受資金運作限制，陸續向親友商借了兩百多萬，來往銀行跑票、軋票，幸而發行一年終達損益平衡，開始能將盈餘持續投入。

MORE

台灣街友販售員群像

販售員A

《大誌》第一批販售員，曾是電影放映師。曾經因為中風露宿街頭，進入官方「遊民收容所」。他感恩地說：「因為賣雜誌，讓我有能力可以租房子。」

販售員B

性格溫和，命運多舛的好大哥，努力經營客戶關係。「這個工作，讓我感到驕傲。」他想問，街友還能賣什麼比這更好的？

《大誌》雜誌收益目前八成仰賴街頭零售，免於對廣告的過度依賴，反能不受市場起伏影響，媒體因而更能自主。「沒有合夥人，但是有很多債權人，逐步分階段償還中。」著手瞭解各地不同的街友生態，李取中將繼續跨出北台灣，進軍台南、高雄，同時評估雙週刊的發行可能，預計在第四到五年後成立基金會，將《大誌》推向更多元的社會參與，讓商業活動展現出不同於資本累積的意義。

深入瞭解《The Big Issue》的英國總部，會有兩個獨立的組織構成。一為有限公司形式的「The Big Issue Ltd.」，負責生產與配送雜誌到街頭的發行通路，另一則為基金會的「The Big Issue Foundation」負責招募街頭販售，以綿密網絡提供街友居住、健康、財務、就業等服務，並發展出相關支援與顧問性組織。運作以雜誌本身銷售所得與廣告收益，全數捐贈予基金會，加以社會捐助與部分政府補助，作為基金會服務街友的資金來源。

販售員 C

隻身獨立北上工作的聽障女孩，她分享說：「存了大半年的錢，終於買到助聽器了。」有了助聽器，幫助她終於能聽清楚客人說的話了！

販售員 D

一直做著建商舉牌等不穩定工作，長期露宿街頭，資深程度堪稱「街友界的排長」。他開心地說：「我終於可以重新開始了。」

販售員 E

《大誌》第一批販售員。因為外界誘惑、生病，幾度離開。他充滿感恩地說：「謝謝《大誌》，讓我回來。」

販售員 F

曾是熨燙師傅。兒女遠在大陸，不知自己的父親露宿街頭。他想念兒女地說：「存好錢買機票，今年想去看他們。」

以上為自行採訪製表。《大誌》每期刊末，另有「販售者群像」介紹販售員故事。

一本讀者喜愛的雜誌，一個街友人生的新開始

回看《大誌》的出現，揭櫫了諸多時代變革與產業新意。過往不是沒有街頭刊物、傳遞生活資訊或是街友書寫；過往也並非沒有街友販售口香糖或愛心商品，嘗試以己身付出、獲得自立。然而，文化美學的能量賦予了產品的新靈魂，同時見證新世代獨立思考的萌芽、互利共生的商業模式參與社會實踐的可能。

寧靜的變革隱身在後，消費行為變身弱勢自立的最佳觸媒：因為一本真心喜愛的雜誌駐足，鄙視成見暫且告別，不再只是買了就走。幾分關心、幾句問候，翻轉了街頭買賣的互動關係，讓過去從不碰觸、互不交談的世代兩端，開始交換彼此真誠、建立友誼，冰冷疑懼逐漸融化……。

歲末寒冬，又是月底的最後一日，滿懷期待的販售員再次聚集在「同學會」的現場。手中接過的銀燙紅包，僅代表著台灣《大誌》溫暖相伴的心意，然而每回「最新雜誌批售」的開賣宣布，才是真正代表著夢想的起點，人生機會的開始。

踩著希望前行、掩不住笑意。他們再次說著，「謝謝。有你真好。」

註一：以中性的「街友」（homeless），無家可歸之人，取代具負面意涵的「遊民」。

註二：媒體間經常有跨業合作。二〇一二年二月號的《大誌》，附贈林宥嘉新專輯單曲，即為代表性一例。

註三：《大誌》稱販售員間互稱同學。雜誌社每月月底會舉辦「同學會」，為販售員慶生、頒獎、注意事項佈達，以及新一期雜誌批售。

【不一樣的做事態度】

李取中深受《The Big Issue》的啟發，心想既是自己最感興趣的文化媒體，又結合了社會企業運作的模式，念頭靈光閃過：「有沒有可能在台北街頭，就能買到這本雜誌？」「我應該有足夠的能力與熱情，提供某些可能。」

《大誌》販售者群像。因為一本雜誌，建立起友誼、關懷、自信，重新拼湊起人生的新圖像。圖左的販售員侯政宏很自豪地說：「這本雜誌，讓我覺得驕傲。」

MORE

幫助街友的另類行動

化身城市導覽員：英國的「襪襪幫」（Sock Mob，名稱來自街友對創辦女孩的衣著觀察）是以街友為主體工作者的社會企業。讓街友擔任城市導覽員，引領遊客探訪倫敦不為人知的各種小角落，分享自己棲身各處的經歷與城市景點交織的小故事。

比起其他了無新意的城市導覽，「看不見的城市行旅」（Unseen tour）呈現觀看倫敦城市的不同面向趣味，不僅提供街友襪子、食物與友誼，更提供工作機會，讓主體發聲。

「襪襪幫」絕大部分收益為街友導覽員所有，未來營運主權也交由街友掌理。

《大誌》的挑戰×創新

⊙勇於挑戰的難題：

1. **工作者就業門檻：**多數街友因自身缺乏文化資本、社會資本，或遭逢產業鉅變、生命變故，致使他們只能落入不穩定的經濟底層，因而必須仰賴他人、博取同情的惡性循環。

2. **大環境的不友善：**對有工作能力、工作意願的街友，只是欠缺機會重新融入人群。但主流商業機制因偏見或因歧視，將其排除在一般職場之外。

⊙創新的解決策略與經營模式：

1. 通路創新：街友化身雜誌販售員

「銷售」這種最具個人風格，以及最需要面對面的人際互動，協助街友經營發展出與固定客戶間的友誼，得以重建其與社會對話的橋樑、自我信心的建立。

2. 產品創新：提供Y世代讀者面向世界之窗

《大誌》拋卻傳統媒體架構經驗，以產製重組開啟內容藍海，提供世界觀的商業科技、藝文設計、環境永續訊息，滿足Y世代「愚人」讀者的閱讀渴求，為網路化衝擊萎縮的平面媒體再創新局。

3. 經營模式：突破商業框架，翻轉街友社會處境

多數街友面臨卡債、帳戶盜用等問題，一般職場的人事規範也不利於街友。因此，《大誌》沿用英國街報組織所採取的「批售關係」取代權利義務式的「聘僱關係」，免除上述的憂慮與瓶頸，同時重建自主管理的自信。

DATA

The Big Issue Taiwan/大誌雜誌

成立時間：

二〇一〇年，（四月創刊發行）。

產品內容：

The Big Issue Taiwan，月刊型雜誌。

社會目標：

幫助那些，「幫助自己的人」，提供無家可歸者與社會弱勢一個工作機會，使其透過銷售賺取穩定收入。

網站：

http://www.bigissue.tw

哪裡買得到：

當期雜誌在大台北地區捷運站口、桃園、新竹、台中等地之街頭販售員或共同店鋪。

個案延伸討論　讓夢想發光的創新與挑戰

1. 你的夢想是什麼？

常言道：「要害一個人最好的方式就是叫他去辦雜誌。」李取中不僅辦了一本自己理想中的雜誌，還創造了街友就業的新機會。那呼喚你內心深處的使命又是什麼？現在就開始想一想？

2. 對於所要投入解決的社會問題或服務對象，了解有多少？

《大誌》看到了在訴諸社會救濟之際，有一群最被邊緣化的街友需要工作自立。不妨現在就廣為收集相關情報，看看可以怎麼做？

3. 檢視自己的優勢和專長？

李取中從線上雜誌出發，長期累積的人脈、資源，讓他可以結合社會事業持續扎根。想想看，什麼可以讓助人的事業有好的開始？

感謝

夏侯欣鵬、郭文亮、蘇鈴琇、林育甄資料提供，當代漂泊郭盈靖、遊民工作坊陳大衛、黃洛斐、大誌蔡其昌、日月老茶廠吳森林（茶博士）、林新倫、王麗萍、林志芳、李佳綾、新自然主義出版公司，以及所有受訪者與曾經協助的朋友。

感謝以下單位與朋友提供照片，讓本書倍增光彩（依筆畫順序）：

上下游新聞市集（p.99、p.102、p.103、p.106左、p.107右、p.110、p.111左上、p.114、p.115）；大誌（p.215上、p.216、p.217、p.219、p.222右、p.223左、p.227中）；四方報（p.190、p.191、p194.、p.195、p.198、p.199、p.202、p.203、p.206、p.207、p.211）；台灣社會企業創新創業學會（p.170上、p.171右、p.171中下、p.171左上、p.174左、p.175右下、p.175中上、p.175左上、p.178右上、p.179、p.183上及中左下、p.186、p.187左）；梁瓊丹（p.22、p.35右上、p.35左、p.43右下、p.43左中、p.43左下、p.70、p.143下、p.146右、p.155左、p.159、p.214、p.215下、p.222左、p.223右、p.226、p.227、p.213）；生態綠（p.146左、p.150、p.151、p.154、p.155右上及右下、p.162、p.163右下）；禾德國際（p.181上）；光原社會企業（p.166、p.167、p.170右下及左下、p.171中上、p.171左下、p.174右上、p.174中上、p.174下、p.175右上、p.175中下、p.178右下、p.178左、p.181下、p.182、p.183中右、p.183中左、p.183下、p.187右下）；吳宗昇（p.142、p.143上、p.147、p.163右上、p.163左）；李佳綾（p.43右上、p.71、p.78左、p.86右、p.91左上、p.123右上、p.126右、p.127下、p.134、p.135右上、p.135中右上、p.135左上、p.135左下、p.139右、p.187右）；林志芳（p.74、p.75、p.78右上、p.78右下、p.79、p.82中、p.82左、p.83、p.86左、p87.、p.90、p.91右、p.91左下）；芳榮米廠（p.118、p.119、p.122、p.123左、p.123下、p.126左、p.127上、p.130、p.131、p.133、p.135右下、p.135中右下、p.135中左上、p.135中左下、p.139左上 、p.139左下）；莊昭盛（p.139下）；章雅喬（p.106右）；勝利潛能發展中心（p.50、p.51、p.54、p55.、p.58、p62.、p.63、p.66、p67）；喜願共合國（p.23、p.26右上、p.26左、p.27、p.30、p.31、p.34、p.35右下、p.37、p.38、p.39、p.42、p.43上、p.43左上、p47右上、p.47下、p.111右、p.111左下）；黃世澤（p.107左上、左下）黃明堂（p.26右下、p.47右下、p.47左）；新自然主義（p.82右）。

新自然主義 綠生活 | 新書精選目錄

序號	書名	作者	定價	頁數
1	**放手吧，沒關係的。**沒有低谷就不會有高山，沒有結束就不會有開始；留下真正需要，丟掉一切多餘，人生會更輕鬆美好	枡野俊明	300	280
2	**狗狗心裡的話：**33 則毛小孩的療癒物語	阿內菈	250	160
3	**生命中的美好陪伴：**看不見的單親爸爸與亞斯伯格兒子	黃建興	250	184
4	**綠色魔法學校：**傻瓜兵團打造零碳綠建築（增訂版）	林憲德	350	224
5	**我愛綠建築：**健康又環保的生活空間新主張（修訂版）	林憲德	260	168
6	**千里步道，環島慢行：**一生一定要走一段的土地之旅（10 周年紀念版）	台灣千里步道協會	380	264
7	**鷹飛基隆：**台灣最美的四季賞鷹秘境	陳世一	224	450
8	**【彩色圖解】環境荷爾蒙：**認識偷走健康．破壞生態的元兇塑化劑、雙酚 A、戴奧辛、壬基酚、汞…	台灣環境教育協會	208	380
9	**綠色交通：慢活．友善．永續：**以人為本的運輸環境，讓城市更流暢、生活更精采（增訂版）	張學孔 張馨文 陳雅雯	380	240
10	**亞曼的樸門講堂：**懶人農法．永續生活設計．賺對地球友善的錢	亞曼	380	240
11	**我們的小幸福小經濟：**9 個社會企業熱血追夢實戰故事（增訂版）	胡哲生、梁瓊丹 卓秀足、吳宗昇	350	240
12	**英國社會企業之旅：**以公民參與實現社會得利的經濟行動	劉子琦	380	240
13	**省水、電、瓦斯 50% 大作戰 !!** 跟著節能省電達人救地球	黃建誠	350	208
14	**我在阿塱壹深呼吸：**從地理的「阿塱壹古道」，見證歷史的「瑯嶠 - 卑南道」	張筧 陳柏銓	330	208
15	**恆春半島祕境四季遊：**旭海．東源．高士．港仔．滿州．里德．港口．社頂．大光．龍水．水蛙窟 11 個社區．部落生態人文小旅行	李盈瑩 張倩瑋 張筧	350	208
16	**一個人爽遊：東港．小琉球：**迷人的海景．生態．散步．美食．人文	洪浩唐	330	190
17	**荷蘭，小國大幸福：**與天合作，知足常樂：綠生活＋綠創意＋綠建築	郭書瑄	320	224
18	**挪威綠色驚嘆號！**活出身心富足的綠生活	李濠仲	350	232

新自然主義 新醫學保健｜新書精選目錄

序號	書名	作者	定價	頁數
1	減重後，這些疾病都消失了！劉博仁醫師的營養療法奇蹟⑤	劉博仁	330	224
2	吃對保健食品②天然篇：江守山醫師教你聰明吃對 12 大天然保健品	江守山	330	224
3	好眼力：護眼、養眼、治眼全百科：百大良醫陳瑩山破解眼科疑難雜症	陳瑩山	330	224
4	筋骨關節疼痛防治全百科：骨科專家游敬倫整合中西醫學最新對症療法	游敬倫	330	224
5	腎臟科名醫江守山教你逆轉腎：喝對水、慎防毒、控三高	江守山	330	280
6	完全根治耳鼻喉疾病，眩暈、耳鳴、鼻過敏、咳嗽、打鼾：劉博仁醫師的營養療法奇蹟（增訂版）	劉博仁	340	240
7	情緒生病，身體當然好不了：黃鼎殷醫師的心靈對話處方	黃鼎殷	330	240
8	健檢做完，然後呢？從自然醫學觀點，拆解數字真相，掌握對症處方，找回健康！	陳俊旭	350	272
9	破解癌症：癌症是症不是病：黃鼎殷醫師的身心靈整合療法	黃鼎殷	300	256
10	為什麼你動不動就感冒？	楊素卿 黃宗瀚	280	256
11	男性也有更年期？其實，你只是睪固酮不足	堀江重郎	280	216
12	活力迎接更年期，下半生更健康	相良洋子 山岡有美	280	224
13	上咽喉發炎，就會慢性疲勞、自體免疫失調、腎病變……	堀田修	330	208
14	都是自律神經惹的禍【體重篇】：自律神經專家郭育祥的健康瘦身必修學分	郭育祥	320	256
15	安心好孕：江守山醫師教你遠離毒素，健康受孕、養胎、坐月子	江守山	192	350
16	如何挑選健康好房子【增訂版】：江守山醫師的安心選屋指南	江守山	272	420
17	不運動，當然會生病！【增訂版】：游敬倫醫師的極簡運動療法	游敬倫	288	360
18	你的聽力受損了嗎？台灣將近 10% 人口聽力受損！	余仁方	208	220
19	體態決定你的年齡：黃如玉醫師的脊骨平衡超逆齡手冊	黃如玉	202	350

我們的小幸福、小經濟
9個社會企業熱血・追夢實戰故事【增訂版】

策　　畫：台灣社會企業創新創業學會
撰稿執筆：胡哲生、梁瓊丹、卓秀足、吳宗昇
特約主編：梁瓊丹
美術設計：陳瑀聲

總　編　輯：蔡幼華
主　　編：黃信瑜（責任編輯）
編輯顧問：洪美華
編　輯　部：何　喬
行　　銷：莊佩璇
讀者服務：黃麗珍、洪美月、巫毓麗

出　版　者：新自然主義／幸福綠光股份有限公司
地　　址：台北市杭州南路一段63號9樓
電　　話：(02)2392-5338
傳　　真：(02)2392-5380
網　　址：www.thirdnature.com.tw
E-mail：reader@thirdnature.com.tw

印　　製：中原造像股份有限公司
初　　版：2013年4月
一版八刷：2013年6月
二版一刷：2018年11月

郵撥帳號：50130123 幸福綠光股份有限公司
定　　價：新台幣350元（平裝）
本書如有缺頁、破損、倒裝，請寄回更換。
ISBN 978-986-96937-8-3

照片提供：上下游新聞市集、大誌、台灣社會企業創新創業學會、四方報、生態綠、禾德國際、光原社會企業、吳宗昇、李佳綾、林志芳、芳榮米廠、梁瓊丹、莊昭盛、章雅喬、勝利潛能發展中心、喜願共合國、黃世澤、黃明堂、新自然主義

總　經　銷：聯合發行股份有限公司
台北縣新店市寶橋路235巷6弄6號2樓
電　　話：(02)29178022
傳　　真：(02)29156275

國家圖書館出版品預行編目資料

我們的小幸福、小經濟：9個社會企業熱血・追夢實戰故事／台灣社會企業創新創業學會 策畫；胡哲生、梁瓊丹、卓秀足、吳宗昇 撰稿執筆
－二版.－臺北市：新自然主義、幸福綠光 出版.
2018.11　面：公分
ISBN 978-986-96937-8-3（平裝）
1. 社會服務 2. 企業 3. 個案研究
547.9　　　　107019648

新自然主義
幸福綠光

讀者回函卡

書籍名稱：《我們的小幸福、小經濟【增訂版】》

■請填寫後寄回，即刻成為書友俱樂部會員，獨享很大很大的會員特價優惠（請看背面說明，歡迎推薦好友入會）

★如果您已經是會員，也請勾選填寫以下幾欄，以便內部改善參考，對您提供更貼心的服務

●購書資訊來源：□逛書店　□報紙雜誌報導　□親友介紹　□簡訊通知　□書友雜誌　□相關網站

●如何買到本書：□實體書店　□網路書店　□劃撥　□參與活動時　□其他

●給本書作者或出版社的話：

填寫後，請選擇最方便的方式寄回：

（1）傳真：02-23925380

（2）影印或剪下投入郵筒（免貼郵票）

（3）E-MAIL：reader@thirdnature.com

（4）撥打02-23925338分機16，專人代填

讀者回函

姓名：　　性別：□女　□男　　生日：　年　月　日

■ 我同意會員資料使用於出版品特惠及活動通知

手機：　　E-mail：

★已加入會員者，以下免填

聯絡地址：□□□□□　縣（市）　鄉鎮區（市）
路（街）　段　巷　弄　號　樓之

年齡：□16歲以下　□17-28歲　□29-39歲　□40-49歲　□50-59歲　□60歲以上

學歷：□國中及以下　□高中職　□大學/大專　□碩士　□博士

職業：□學生　□軍公教　□服務業　□製造業　□金融業　□資訊業
□傳播　□農漁牧　□家管　□自由業　□退休　□其他

寄回本卡，掌握最新出版與活動訊息，享受最周到服務

加入新自然主義書友俱樂部，可獨享：

會員福利最超值

1.購書優惠：即使只買1本，也可享受8折。消費滿500元免收運費。
2.生日禮：生日當月購書，一律只要定價75折。
3.社慶禮：每年社慶當月（3 / 1～3 / 31）單筆購書金額逾1000元，就送價值300元以上的精美禮物（贈品內容依網站公布為準）。
4.即時驚喜回饋：（1）優先知道讀者優惠辦法及A好康活動。
（2）提前接獲演講與活動通知。
（3）率先得到新書新知訊息。
（4）隨時收到最新的電子報。

入會辦法最簡單

請撥打02-23925338分機16專人服務；或上網加入http://www.thirdnature.com.tw/

（請沿線對摺，免貼郵票寄回本公司）

廣　告　回　函
北區郵政管理局登記證 北 台 字 03569 號
免　貼　郵　票

100 台北市杭州南路一段63號9樓

新自然主義
幸福綠光股份有限公司
GREEN FUTURES PUBLISHING CO., LTD.

地址：台北市杭州南路一段63號9樓
電話：（02）2392-5338　傳真：（02）2392-5380
出版：新自然主義・幸福綠光
劃撥帳號：50130123　戶名：幸福綠光股份有限公司

GREEN FUTURES

BOOK

新自然主義